운명을 내 편으로 만드는 결정적 차이

단 하나의 습관

연준혁 지음

위즈덤하우스

차 례

프롤로그 　모든 습관에는 그 시작이 있다 · · · · · · · · 　6

한번 잡은 정보의 끈을 결코 놓지 않는다
: 김정희와 마크 주커버그의 정보력 · · · · · · · · · 　10

놀이 정신으로 일한다
: 놀이를 즐긴 알렉산더 플레밍과 블리자드 · · · · · 　19

유머를 최고의 가치로 여긴다
: 유머의 달인, 공자와 정주영 · · · · · · · · · · · 　27

중요한 문구들을 항상 머릿속에 넣어둔다
: 조인성과 마틴 루터 킹의 무기 · · · · · · · · · · 　36

엄격한 잣대로 자신을 경계한다
: 조식의 방울과 비의 거울 · · · · · · · · · · · · 　44

점심은 혼자 먹지 않는다
: 간 나오토는 몰랐으나 칸트는 알았던 것 · · · · · 　53

편지에는 일일이 답장을 쓴다
: 옹정제와 고도원의 편지 · · · · · · · · · · · · 　59

책을 읽고 또 읽는다
: 링컨과 정조의 독서 습관 · · · · · · · · · · · 　68

나날이, 꾸준히 앞으로 나아간다
: 점진의 힘을 믿은 안창호와 에밀 졸라 · · · · · · · 76

어린아이처럼 자유롭게 사고한다
: 아인슈타인과 이탁오의 동심 · · · · · · · · · 86

완벽하게 자신의 일을 장악한다
: 안철수와 히치콕의 완벽주의 · · · · · · · · · 94

주위를 세밀하게 관찰한다
: 제인 오스틴과 모리미술관의 관찰력 · · · · · · 105

인간에 대한 낙관적인 신뢰를 저버리지 않는다
: 매슬로의 심리학을 알았던 위왕 · · · · · · · · 114

문제 해결에 앞서 상대의 마음을 정확하게 읽는다
: 아골타와 광해군의 독심술 · · · · · · · · · · 124

사람들에게 먼저 손을 내민다
: 교황 요한 23세와 전창진 감독의 친화력 · · · · · 133

한 번 맺은 인연을 결코 버리지 않는다
: 인연을 소중히 한 칭기스 칸과 조 지라드 · · · · · 141

차 례

책망하기보다는 포용한다
: 조광윤과 김인식의 포용력 · · · · · · · · · · · · · · · · 149

가까운 이에게서 배운다
: 워런 버핏과 피카소의 인맥 맺기 · · · · · · · · · · · · 159

나아가고 물러서는 타이밍을 안다
: 제임스 쿡과 최희섭의 이보 전진, 일보 후퇴 · · · · · · · 168

불가능은 없다고 믿는다
: 헨리 카이저와 체 게바라의 불굴의 정신 · · · · · · · · 176

호기심이 시키는 대로 한다
: 짐 콜린스와 갈릴레이의 호기심 · · · · · · · · · · · · 184

여행을 통해 발전을 꾀한다
: 여행을 즐긴 르 코르뷔지에와 사마천 · · · · · · · · · 191

목표를 높게 잡는다
: 알렉산더 대왕의 꿈과 양키스의 꿈 · · · · · · · · · · 198

상대방의 흥미에 관심을 갖는다
: 마테오 리치와 루스벨트의 호감 사는 법 · · · · · · · 207

때에 따라 자신을 낮출 줄 안다
: 이성계와 반기문의 겸손함 · · · · · · · · · · · 214

세부 규칙을 세워 나쁜 습관을 고친다
: 프랭클린과 아이젠하워의 규칙 · · · · · · · · · 221

늘 올바른 자세를 신경 쓴다
: 이황과 에릭 슈미트의 반성 · · · · · · · · · · 229

파격을 추구한다
남들이 가지 않은 길을 간 알리와 박지원 · · · · · · 238

토론과 경청을 중시한다
: 세종과 픽사의 토론 시간 · · · · · · · · · · · 247

몸을 철저하게 단련한다
: 정조와 허창수의 체력 증진 · · · · · · · · · · 256

언제나 쓴다
: 황선홍과 정약용의 메모 습관 · · · · · · · · · 264

진정으로 공감한다
: 오프라 윈프리와 사우스웨스트 항공의 공감력 · · · · 271

프롤로그

모든 습관에는 그 시작이 있다

《관독일기觀讀日記》라는 것이 있다. 말 그대로 책을 읽고 쓴 일기이다. 이 일기의 주인공은 이덕무다. 그는 1764년 9월 9일부터 11월 30일까지 하루도 거르지 않고 일기를 썼다. 그 말은 곧 그가 하루도 빼놓지 않고 책을 읽었다는 뜻이다. 당시 그가 마음 놓고 책을 읽을 수 있었던 상황이었는가 하면 결코 그렇지 않다.

"장소는 갖추고 있는가? 갖추지 못하였다. 천장을 쳐다보면 밝은 별이 내리비치고, 벽을 돌아보면 얼음이 빙 둘러 있으며 연기와 그을음이 가득 차서 갓이나 의복이 검어지니 이러고도 과연 장소를 갖추었다고 하겠는가? …… 우리 증조부 고조부 세대부터 가세가 넉넉하지 못하였으니 자력이 없는 것은 당연한 일이요, 이미 자력이 없으니 읽을 서적이 없는 것은 물론이다."

이렇듯 어려운 상황에서도 책을 놓지 않은 이덕무는 어떤 사람이 되었을까? 그의 글을 모은 《청장관전서靑莊館全書》의 규모를 보면 그가 얼마나 읽고 쓰는 것으로 자신을 단련하며 살아왔는지 잘 드러난다.

그런데 《관독일기》는 아직 끝난 것이 아니다. 이덕무가 죽은 지 200년도 더 지났는데 무슨 소리를 하는 건가 의아하게 여길 사람도 있을 것이다. 작가 이지누는 2007년 10월 19일부터 2008년 1월 16일까지의 90일 동안 하루도 빼놓지 않고 책을 읽고 일기를 썼다. 그는 자신이 읽고 쓴 내용을 《관독일기》라는 똑같은 제목의 책으로 출판했다. 앞서 인용한 이덕무의 글은 사실 이지누의 책에서 재인용한 것이다.

습관이란 그런 것이다. 무엇이든 꾸준히 하면 그것이 바로 습관이 된다.

공자는 습관에 대해 이렇게 말했다.

"인간은, 천성은 서로 비슷하지만 습관에 의해서 완전히 달라진다."

《논어》'양화편'에 나오는 글이다. 공자는 자신을 가리켜 태어날 때부터 천재는 아니었다고 말하기도 했으니, 결국 공자를 완성시킨 것은 바로 습관의 힘이었다.

이 책에는 사람을 위대하게 변화시켰던 '단 하나의 습관'들이 실려 있다. 그 중에는 평범한 습관도 있고 비범한 습관도 있다. 마테오리치의 기억술, 조식의 성성자라는 방울을 통한 자기 경계법, 옹정제의 거의 모든 편지에 답장을 쓰는 철칙 등은 특히 비범한 축에 속한다. 그런데 비범하다고 해서 겁먹을 이유는 없다. 단 하나만 명심하면 된다. 모든 습관에는 그 시작이 있다는 것이다. 습관은 어느 날 문득 다짐하는 것부터 시작된다. 그것이 행동으로 이어지고 몸에 익으면 바로 자신만의 습관이 되는 것이다. '천리길도 한 걸음부터'라는 익숙한 경구는 습관에 관해서도 진리인 것이다.

앞서 예로 들었던 이덕무 또한 그랬다. 《관독일기》는 사실 이덕무가 처음 시작한 것이 아니었다. 이덕무는 이항복의 말년을 지켜본 정충신의 일기 《북천일록北遷日錄》을 보고 시작한 것이었다.

내가 바라는 것은 단 하나다. 이 책이 이지누에게 영향을 준 《관독일기》나 이덕무에게 영향을 준 《북천일록》 같은 역할을 하기를 바란다. 그래서 이 책을 읽은 이들이 스스로 '관독일기'를 쓰게 된다면, 즉 자신만의 습관을 만들고 유지해나가는 방법을 찾게 된다면 나로서는 더 이상 바랄 것이 없을 듯싶다.

한번 잡은 정보의 끈을 결코 놓지 않는다

"보내주신 인삼 두 뿌리는 무척 정미합니다.
덕분에 저의 몸은 큰 도움을 받고 있습니다.
의원이 말하기를 이 인삼은 지금껏 본 적이 없는
훌륭한 것이라고 합니다. 감사합니다."

- 옹방강이 김정희에게 보낸 편지 중에서

　'정보의 끈'은 지극히 현대적인 개념이다. 그런데 지금도 아닌 조선시대에 정보의 끈에 대한 개념을 정확히 이해하고, 이를 통해 온갖 정보를 체득했던 인물이 있었다. 그는 바로 추사 김정희다. 도무지 어울릴 것 같지 않은 김정희와 정보의 끈, 양자는 어떻게 연결되는 것일까?

　김정희는 추사체 하나로 불후의 명성을 얻은 인물이다. 조선의 문인들은 물론 중국(그 당시 청나라)의 석학들도 앞다투어 추사의 글씨를 칭찬했다. 그 때문에 우후죽순 격으로 그의 글씨를 따라 쓰는 유행이 생겨났고, 그에 따른 부작용으로 현존하는 추사 글씨의 90퍼센트는 가짜라는 달갑지 않은 후광까지 얻게 되었다. 김정희는 고증학, 금석학, 시문 창작의 대가이기도 했다. 도선대사비로 알려졌던 비석이 실은 진흥왕 순수비라는 사실을 고증한 것도 김정희였고, 조희룡, 전기, 허련 같은 뛰어난 서화가들의 스승 노릇을 했던 사람도 바로 김정희였다. 글·그림·학문에 두루 능통한 그는 조선의 레오나르도 다 빈치라 할 만큼 다재다능한 인물이었다.

그러나 김정희가 생애 내내 가장 자랑스러워했던 것은 시문도, 고증학도, 추사체도 아니었다. 조선 천지의 그 누구보다도 중국을 잘 아는 전문가라는 사실, 그것이 김정희가 가장 먼저 손에 꼽았던 자랑거리였다. 그러한 까닭에 당시 사람들은 김정희 앞에서 중국 이야기를 꺼낼 때 조심해야만 했다. 멋모르고 조금이라도 아는 체를 하고 나섰다가는 핀잔을 듣기 십상이었다. 그럴 때 김정희가 하는 말은 늘 똑같았다.

"내가 연경에 갔을 때 본 바에 의하면 그건 그렇지 않네……."

자신이 두 눈으로 똑똑히 보았으니 입 다물라는 뜻이 아닌가. 대부분의 사람들은 김정희의 기세에 눌려 꼬리를 내릴 수밖에 없었다. 그런데 여기서 짚고 넘어가야 할 사실이 하나 있다. 사실 김정희가 중국을 다녀온 것은 평생 단 한 차례밖에 되지 않는다. 24세 되던 해에 동지부사로 선임된 아버지 김노경을 따라 중국에 가 두 달 정도 머무른 것이 그가 중국을 방문한 기간의 전부이다. 당대인 중에는 10여 차례 이상 중국을 다녀온 사람들도 적지 않았다. 그런데 단 한 번 중국을 방문한 김정희가 자신이야말로 최고의 중국통이라고 큰 소리를 친 것이다. 재미있는 것은 당대인들 또한 중국에 관한 한 김정희가 조선 최고임을 두 말 없이 인정했다는 사실이다. 이렇듯 단 한 번의 방문으로 최고의 중국통이라는 명성을 얻게 된 비결은 무엇일까? 그건 바로 최신 정보를 얻기 위해 그가 기울인 전방위적인 노력 때문이다.

김정희는 무엇보다도 정보의 핵심 루트를 꿰뚫을 줄 아는 사람이었다. 중국을 방문했을 때 그는 다른 누구보다도 완원阮元과 옹방강翁方綱, 이 두 사람을 만나기 위해 전력을 기울였다. 두 사람 중 특히 옹방강을 만나기란 쉬운 일이 아니었다. 옹방강은 이미 78세의 고령인 데다가 은거하는 습성까지 있어 사람을 쉽게 만나주지 않았던 것이다. 그를 만나기 위해 온갖 연줄을 다 동원한 덕분에 김정희는 옹방강이 불경을 시주하기 위해 법원사라는 절에 올 것이라는 정보를 입수했다. 정보는 정확했다. 덕분에 중국을 떠나기 전날 비로소 옹방강을 만날 수 있었다. 발품을 많이 팔며 고생은 했지만 열매는 달았다.

완원과 옹방강 두 사람은 당시 연경학파를 좌우지하는 실세 중의 실세였다. 옹방강은 당대 최고의 금석학자이자 서예가이자 수집가였으며, 완원은 당대 최고의 문화비평가였다. 김정희가 귀국 후 자신의 서재에 옹방강의 호인 담계에서 따온 보담재寶覃齋라는 이름을 붙인 것, 그리고 자신의 호를 완원에서 따온 완당이라 이름 붙인 것만 보아도 두 사람이 그에게 미친 영향이 지대했음을 짐작할 수 있다. 두 사람의 이름은 김정희의 중국통 명성에 보증수표 역할을 했다. 김정희가 자신의 중국행을 평생 자랑할 수 있는 것은 당대 최고의 인물 두 사람과 교분을 맺었다는 자부심과 긴밀하게 연결되어 있다.

그러나 특별함은 지금부터다. 김정희는 한 걸음 더 나아갔다. 귀국

한 뒤 편지를 통해 연경에 있는 학자들과 본격적인 교류를 시작한 것이다. 그 중심에 완원과 옹방강 두 사람이 있었음은 물론이다. 편지만 오고 간 것은 아니다. 김정희는 《퇴계집》,《율곡집》 등 조선을 대표할 만한 서책들과 함께 중국 사람들이 귀하게 여기는 인삼을 보냈다. 줄 것은 확실히 주는 전략이다. 물론 받은 쪽에서 가만히 있을 리 없다. 완원과 옹방강은 답례로 책, 탁본, 서화작품들을 보내왔다. 이 과정에서 김정희는 중국의 최신 동향을 누구보다도 더 잘 파악할 수 있었다. 한 걸음 더 나아가 김정희는 그들을 아예 스승으로 삼았다. 궁금한 것이 있으면 그 즉시 편지를 보내 확인을 하곤 했다. 이 싹싹하고 호기심 많은 조선 청년에게 인간적인 매력을 느끼지 않을 수 있었겠는가. 그들은 가능한 한 상세한 답변을 써서 보내주곤 했다. 편지가 오고가는 데에는 몇 달의 시간이 걸렸지만 김정희는 개의치 않았다. 고증학의 본산지인 중국 학자들로부터 얻은 답변은 김정희에게 큰 도움이 되었다. 당대 최고의 중국 학자들을 등에 업었으니, 김정희의 말 한 마디에 누가 토를 달 수 있었겠는가.

 옹방강이 세상을 떠난 후에는 그의 아들 옹수곤, 그리고 옹방강의 제자인 섭지선과 편지를 주고받았다. 한번 맺은 인연의 끈을 결코 놓지 않는 김정희의 성격을 짐작할 수 있는 부분이다. 섭지선을 통해 김정희는 희귀한 탁본 자료들을 구할 수 있었고, 이는 김정희의 추사체 완성에도 적지 않은 도움을 주었다.

김정희가 중국의 대표적인 학자들과 교분을 맺고 있다는 사실이 알려지자 중국에 가기 전에 그를 먼저 찾아오는 사람들이 하나둘 생겨났다. 김정희의 소개가 있어야만 중국에서의 활동이 더욱 쉬워진다는 사실이 조선인들 사이에 하나의 불문율이었음을 알 수 있는 부분이다. 대표적인 인물로 신위를 들 수 있다. 신위는 조선 500년 이래 최고의 시인으로 일컬어지는 사람이다. 그는 1812년 연경을 방문하기 전 김정희를 먼저 찾아왔다. 경력으로 치면 자신이 훨씬 더 풍부하지만 중국에 관한 한 김정희가 최고임을 인정한 것이다. 김정희는 신위가 옹방강을 만날 수 있도록 주선해주었다. 이 과정을 통해 김정희는 자연스레 중국통의 명성을 더욱 드높일 수 있었고, 자신이 소개한 이를 통해 중국의 최신 자료 또한 쉽게 손에 넣을 수 있었다. 신위 외에도 많은 이들이 김정희의 도움을 받았다.

그런데 그들은 중국에 가서 다시 한 번 김정희의 위력을 실감하고 놀라게 된다. 일단 김정희의 정보는 너무도 정확했다. 그뿐만이 아니었다. 중국의 명사들은 일을 본격적으로 논의하기 전 항상 김정희의 안부부터 물어왔다. 중국인들에게 '조선인 명사' 하면 오직 김정희였다. 그의 영향력을 실감할 수 있는 대목이다.

김정희의 제자로 유명한 이들 중 유독 역관이 많았다는 사실 또한 최신 정보에 대한 그의 집요한 열정을 보여준다. 조수삼, 오경석, 이상적이 대표적인 제자들이다. 이 과정에서 김정희는 자신이 추천하는 역관을 과거에 합격시키기 위해 청탁을 하기도 했다. 훗날 이들을 정보원으로 활용하기 위해서 먼저 손을 쓰는 일도 마다하지 않을 정도로 김정희의 정보욕은 집요했다. 이 중 빼놓을 수 없는 인물은 바로 이상적이다. 이상적은 중국에 들어갈 일이 생기면 항상 김정희를 찾아 이야기를 주고받을 정도로 가까운 사이였다.

 물론 중국통으로 이름을 떨치던 김정희도 정쟁을 피해갈 수는 없었다. 55세 되던 해인 1840년 김정희는 당쟁에 얽혀 제주도로 유배를 떠나게 된다. 그 당시 제주도는 그야말로 절해고도였다. 위리안치圍籬安置형을 받아 집 밖으로 나설 수도 없는 처지였던 데다가 입에 맞지 않는 음식과 이름 모를 벌레들이 시도 때도 없이 그를 괴롭혔다. 고생이라고는 모르고 자란 김정희였기에 그가 체감한 어려움은 남들보다 배는 더했을 터였다. 그러나 그 와중에도 그의 관심은 오직 한 가지에 집중되어 있었다. 그것은 바로 중국의 최신 동향이다. 유배객의 신분이라 중국과 교류할 수 없는 상황에서 그의 수족 역할을 한 이가 바로 이상적이었다.

 거의 해마다 중국을 오가던 이상적은 스승 김정희가 원하는 책들과 자료들을 연경에 갈 때마다 구해다주었다. 한두 권의 책이라고 생각하면 오산이다. 1844년 이상적이 보내준《황조경세문편》이라는 책은 120권, 79책에 이른다. 보내달라는 스승도 대단하지만 그것을 보내준 제자 또한 대단하기는 마찬가지이다.

이 모든 일은 하루아침에 이루어진 것이 아니다. 단 한 번의 중국 방문으로 인적 정보망을 구축하고 그것을 이용해 최고의 중국통으로 살아왔던 지난 세월이 있었기에 가능한 일이었다. 이상적에 대한 감사의 표시로 그린 그림이 바로 불후의 명작 〈세한도〉이다. 그러고 보면 김정희의 중국에 대한 집요한 관심이 없었더라면 〈세한도〉는 탄생하지 않았을지도 모를 일이다. 정보의 끈을 항상 놓지 않았던 김정희의 '습관'이 만들어낸 귀중한 결과물이라 할 수 있다.

'정보의 끈'을 놓지 않는 습관을 말하면서 빼놓을 수 없는 또 다른 인물이 바로 SK 와이번스의 전 감독 김성근이다. 재일동포 출신인 그가 우리나라에 온 것은 1960년이다. 그러나 50년이 지난 지금까지도 김성근 감독은 일본에 가면 지인들을 만나느라 다른 일을 할 수 없을 정도로 막강한 인맥을 자랑하고 있다. 이 인맥을 통해 얻는 것은 상상 이상이다. 김성근 감독은 지인들과의 만남을 통해 친목을 도모하는 것은 물론 일본 야구의 최신 흐름과 지도력이 뛰어난 코치, 잠재력 있는 선수들에 대한 정보까지 얻는다. SK 와이번스가 유독 일본인 코치들을 중용하고 용병들 중에서도 일본인을 선호하는 이유다. SK 와이번스 선수들이 달달 외워야 하는 야구 교본도 일본 프로야구의 명장 노무라 카츠야野村克也 감독의 이른바 'ID야구'(데이터를 중시하는 야구 전략)를 기본으로 만든 것이다. 김성근 감독이 야신으로까지 불리는 것은 어쩌면 능통한 일본어와 평생에 걸쳐 일본에 구축해놓은 인맥 때문이라 해도 과언이 아닐 것이다.

2010년 〈타임〉 선정 '올해의 인물'은 페이스북의 설립자인 마크 주커버그 Mark Zuckerberg다. 〈타임〉은 새로운 정보 교환 시스템을 만들고 사람들을 연결시켜 사회적 관계를 구축하는 데 기여했다는 이유를 들어 그를 올해의 인물로 선정했다. 거창한 것 같지만 실은 마크 주커버그가 한 일로 미루어볼 수 있는 습관은 기본적으로 김정희나 김성근 감독의 습관과 별로 다르지 않다. 마크 주커버그는 그 습관을 활용해 페이스북을 만들었고, 김정희는 추사체의 대가가 되었으며, 김성근 감독은 야신이 된 것만이 다를 뿐이다.

정보 홍수 시대를 살고 있음에도 우리는 정작 고급 정보에 늘 목마르다. 이때 발로 뛰는 자가 얻는 정보를 따라올 수 없다. 사람과 사람 사이의 관계를 소중히 하고, 이를 꾸준히 이어갈 수 있는 사람의 정보력은 막강하다. 왜냐하면 그렇게 얻은 정보는 정보 자체로 그치지 않고 하나의 새로운 기회를 만들어내기 때문이다.

우리 주위의 정보의 끈에 대해 다시 한 번 살펴보자. 그 한 번의 살핌이 우리를 김정희, 혹은 마크 주커버그로 만들 수 있다.

놀이 정신으로 일한다

"완전히 새로운 놀이를 만드는 거야.
어때, 재미있지 않나?"
- 알렉산더 플레밍, 어렵고 고리타분한 미생물 연구조차
그에게는 재미있는 놀이였다.

　1928년 여름 영국 미생물학자 알렉산더 플레밍Alexander Fleming은 패트리 접시라 불리는 특수한 배양 접시에 미생물을 키우는 일에 몰두하고 있었다. 여러 종류의 미생물에 다양한 물질을 주입하면서 특정 미생물의 활동을 억제할 수 있는 물질을 찾고 있었던 것이다. 그 당시 미생물에 대한 인류의 지식은 미미했다. 미생물이 인간 질병의 대부분을 유발한다는 사실은 파스퇴르와 코흐에 의해 이미 밝혀졌지만, 그들 미생물의 활동을 억제하는 치료약은 아직 찾지 못한 상황이었다. 플레밍 또한 그 문제를 해결하기 위해 연구에 매진했으나 별다른 성과는 없었다.
　반복되는 연구에 지친 플레밍은 잠시 휴가를 다녀오기로 했다. 그러고는 포도상구균을 기르던 접시를 배양기에 넣고 휴가를 떠났다. 휴가에서 돌아오자 믿기 어려운 일이 벌어졌다. 접시에서 자라던 포도상구균이 모두 녹아버린 것이다. 플레밍은 접시에 푸른곰팡이가 생긴 것을 발견했다. 보통의 미생물학자라면 푸른곰팡이를 싹싹 닦아내 버리고는 투덜거리며 다시 실험을 했을 것이다. 하지만 플레밍은 달랐다. 전혀 의도하지 않은 일이었지만 무언가 재미있는 일이 생겼다는 것을 직감적으로 느꼈다.

그는 먼저 푸른곰팡이의 출처부터 알아보았다. 답은 멀지 않은 곳에 있었다. 플레밍의 실험실 아래층에서는 푸른곰팡이 연구가 한창이었다. 그 푸른곰팡이가 연구실로 침입해 들어와 플레밍의 포도상구균을 모조리 죽여 버린 것이다. 흔치 않은 우연이었다. 엄밀함을 중시하는 과학도였다면 우연 따위는 배제해 버려야 하겠지만, 플레밍은 오히려 크나큰 희열을 맛보았다.

그는 그날부터 실험에 완전히 빠져들었다. 연구를 거듭한 결과 그는 그 푸른곰팡이가 페니실리움 노타툼임을 알게 되었다. 이 또한 크나큰 행운이었다. 다른 푸른곰팡이로 실험해 보았지만 아무런 효과도 나타나지 않았다. 오직 페니실리움 노타툼만이 포도상구균을 없애주는 것이었다. 이 우연의 연속에 플레밍은 완전히 흥분했다. 그는 어린아이 같은 열정으로 실험에 달려들었다. 그는 자신의 연구 성과를 1929년 영국 실험병리학회지에 발표함으로써 세상에 알렸다. 플레밍은 그 푸른곰팡이에서 미생물을 죽이는 물질을 추출해냈다. 그것이 바로 우리가 아는 페니실린, 인류 최초의 항생제이다.

이 발견에서 주목할 사실이 하나 있다. 그건 바로 페니실린의 발견

자체가 실은 플레밍의 '일을 놀이처럼 하는 습관'에서 나왔다는 점이다. 플레밍은 미생물학자치고는 좀 괴짜였다. 그는 미생물학자이기 이전에 놀이와 게임의 달인이었다. 포커, 체스, 브리지는 물론이고 몸을 쓰는 스포츠인 골프와 탁구에도 능했고 심지어는 격렬한 수구까지 즐겼다. 자신이 만들어낸 새로운 놀이에 몰두하다 중요한 약속을 어긴 적도 부지기수였다. 또한 선배 연구자로부터 조금 더 진지해지라는 충고를 받기도 했다. 하지만 놀이에 몰두하는 그의 습관은 쉽사리 고쳐지지 않았다.

재미있는 것은 그가 놀이를 즐기는 방식이었다. 일반적인 규칙에 완전히 통달한 플레밍은 재미를 더하기 위해 아예 새로운 규칙을 만들어내기까지 했다. 골프의 예를 들어보자. 그는 하나의 골프채만을 사용해 18홀을 돌기도 했고, 심지어는 누워서 골프를 치기도 했다. 실내에서 하는 골프 게임을 구상하기도 했으며, 특이한 방식으로 퍼터를 잡고 쳐보기도 했다. 사람들이 왜 그러냐고 물을 때마다 그의 대답은 한결같았다.

"완전히 새로운 놀이를 만드는 거야. 어때, 재미있지 않나?"

다들 어렵고 고리타분하게 생각하는 미생물 연구조차 그에게는 재미있는 놀이였다. 여러 가지 의학 분야 가운데 미생물학을 택한 것도 놀이를 좋아하는 그의 성향과 관련이 있었다. 사람들이 그에게 미생물학이 무엇이냐고 물어보면 그는 이렇게 대답했다.

"미생물을 가지고 노는 것이지."

사실 미생물학은 플레밍의 말과는 달리 무척 엄격한 학문이다. 제대로 된 실험이 이루어지기 위해서는 모든 조건을 철저하게 제어해야만 한다. 온도, 습도는 물론이고 미생물에게 주는 양분과 실험실 조명 등, 하나부터 열까지 철저하게 점검해야만 한다. 그런데 이러한 미생물학이 어떻게 플레밍에게는 놀이가 될 수 있었을까? 그가 한 말에서 실마리를 찾을 수 있다.

"미생물학은 물론 지켜야 할 규칙이 굉장히 많은 놀이라네. 그 규칙 때문에 처음에는 제대로 즐길 수가 없지. 하지만 일단 그 단계를 넘어서면 이것보다 재미있는 놀이는 없네. 익숙해지면 나는 정해진 규칙을 하나하나 깨뜨려본다네. 그렇게 되면 놀이의 양상은 완전히 달라지지. 이걸 지켜보는 게 내게는 큰 즐거움이네."

그는 또한 책상 정리를 제대로 하지 않는 것으로 유명했다. 반듯한 책상은 놀이의 여지가 없다는 것이 이유였다. 그는 책상 정리에 몰두하는 동료를 심하게 놀리기로 유명했다. 물건을 버리지 않는 것 또한 플레밍의 습관 중 하나였다. 아무리 쓸모없는 물건이라도 일단은 버리지 않고 모아둔다. 그러다 보면 물건의 새로운 용도가 생겨나고 이전과는 다른 방식으로 사용하며 재미를 느낄 수 있다는 것이었다. 페니실린의 예기치 않은 발견이 바로 그러한 방식을 통해 얻은 결실이었다.

훗날 과학계에는 플레밍의 놀이 정신을 그대로 이어받은 인물이 등장한다. 바로 리처드 파인만이다. 파인만은 재미 삼아 동료 과학자의 금고를 여는 일에 심취했으며, 연구에 대한 열정만큼이나 춤추는 일에 대한 열정도 대단했다. 그는 훗날 자신이 노벨상을 타게 된 것은 문제들과 함께 놀았기 때문이라고 말하기도 했다. 연구를 전혀 연구처럼 생각하지 않고 즐거운 놀이로 간주했다는 점에서 파인만은 플레밍의 직계 제자나 다름없다.

놀이 정신으로 일하는 습관을 이야기할 때 우리에게 잘 알려진 기업 '블리자드'도 빼놓을 수 없다. 우리나라의 게임 문화를 송두리째 바꾸어 놓은 스타크래프트를 탄생시킨 바로 그 회사다. 성공의 비밀을 알아내기 위해 블리자드를 방문한 이들은 가장 먼저 자유분방한 회사 분위기에 놀라게 된다. 직원 대부분은 청바지와 티셔츠 차림이며 심지어는 잠옷을 입고 돌아다니기도 한다. 스케이트보드를 타고 달려가는 직원의 모습에 놀란 것도 잠시, 어디선가 개 한 마리가 나타나 바짓가랑이를 물고 늘어진다. 직원들이 사무실에서 키우는 애완견이다. 그쯤 되니 인형들로 꽉 채워진 책상이나, 아예 침대를 가져다 놓고 낮잠을 청하는 직원들의 모습은 더 이상 놀랍지 않다. 그렇다고 해서 직원들의 근무 태도가 느슨하리라 짐작하면 오산이다.

블리자드의 가장 중요한 원칙은 '완벽주의'다. 수년간 개발해 출시를 앞둔 제품일지라도 마음에 들지 않으면 출시를 보류하고 아예 처음부터 다시 시작한다. 그 기준은 단 한 가지, 바로 고객의 눈높이에 맞추는 것이다. 그러한 까닭에 블리자드가 1년에 내놓는 게임은 1~2종밖에 되지 않는다. 직원들의 집중력 또한 대단하다. 노는 것처럼 보이기만 하던 직원들은 제품 개발이 본격화되면 사회생활을 접고 아예 회사에서 살다시피 한다. 이때 흔히 발견되는 것이 창문을 가린 검은 천이다. 낮과 밤의 구분을 없애 고도의 집중력을 유지하기 위함이다. 놀 때는 놀고 일할 때는 일하는 것이다. 1998년에 출시한 스타크래프트는 전 세계에서 1100만 장 이상이 팔렸다. 스타크래프트 2 역시 출시 한 달 만에 300만 장이 팔렸다. '월드 오브 워크래프트: 대격변'은 출시 하루 만에 330만 장이 팔려 세계에서 가장 빠른 속도로 팔린 PC 게임이 되었다.

블리자드의 원칙은 심플하다. 직원들이 원하는 것이라면 어떤 것이든 허용하는 것이다. 블리자드 직원의 한마디가 회사의 원칙을 다시 한 번 상기시켜준다.

"우리는 사무실을 일터가 아니라 '게임을 즐기는 공간'으로 생각합니다."

블리자드 성공의 원천이 바로 놀이 정신에 있음을 시사하는 말이다.

20세기 사상가 요한 하위징아Johan Huizinga는 《호모 루덴스》라는 책을 통해 인간의 특징은 사유가 아니라 놀이에 있다고 주장했다. 탁견이 아닐 수 없다. 철학자 마르틴 부버Martin Buber 또한 "놀이는 가능성이 가득

한 환희"라고 했다. 결국은 놀 줄 아는 사람이 성공한다. 또한 자신의 앞에 놓인 일에 대해 시종일관 투덜대는 사람보다는, 불만족스러운 부분이 있는 일일지라도 좋은 면을 보아 즐길 줄 아는 사람이 결국 자신이 원하는 삶을 얻는다.

유머를 최고의 가치로 여긴다

"진실은 우리가 가진 것 중 가장 비싼 것이다.
그러므로 아껴서 쓰자."
- 마크 트웨인의 유머 중에서

　마크 트웨인은 미국을 대표하는 작가다. 미국 문학은 그를 통해 비로소 영국의 종속에서 벗어나 미국만의 독자적인 영역을 갖추게 되었다. 어니스트 헤밍웨이가 《허클베리핀의 모험》을 미국 문학 사상 최고의 작품으로 손꼽은 것에서 알 수 있듯, 그의 후배 작가들은 그의 작품들을 교본으로 삼아 읽으며 문학을 배워나갔다. 하지만 트웨인은 뛰어난 작가이기 전에 훌륭한 재담꾼이며, 유머를 생애 가장 중요한 가치로 여기는 사람이었다. 그는 특히 짧은 몇 개의 문장만으로 최고의 유머를 이끌어내는 데 장인적인 솜씨를 보여주었다. 이를테면 다음과 같은 것들이다.

"진실은 우리가 가진 것 중 가장 비싼 것이다. 그러므로 아껴서 쓰자."

　트웨인의 유머를 미국인들이 어떻게 생각했는지는 그의 글을 인용하거나 모방하기 위해 애썼던 대통령들을 통해서 알 수 있다. 프랭클린 루스벨트의 말로 알려진 "우리가 두려워해야 할 것은 오직 두려움

그 자체다"라는 경구도 실은 트웨인이 남긴 것이었으며, 존 F. 케네디는 종종 사람들 앞에서 트웨인의 말투를 흉내 내기도 했다.

　유머의 대가로 칭송받아야 마땅할 트웨인의 삶은 사실 그리 즐거운 것만은 아니었다. 열한 살 때 아버지를 잃은 트웨인은 여러 가지 직업을 전전했다. 식자공, 인쇄공, 수로안내인, 광부, 군인 등이 그가 거쳐 간 직업들이었다. 웬만한 이들 같으면 비탄에 잠겼겠지만 천성적으로 그는 슬픔과는 거리가 먼 사람이었다. 그는 일하면서 만난 사람들을 통해 오히려 많은 것을 배워나갔다. 그중 트웨인이 가장 값지게 여겼던 것은 바로 이야기를 재미있게 전달하는 방식이었다.

　19세기 중엽의 미국에는 지금과 같은 오락거리가 있을 리 없었다. 그 당시의 가장 자극적인 오락은 둘러앉아 이야기를 나누는 것이 전부였다. 그렇다 보니 유머를 적절하게 구사할 줄 아는 사람은 많은 이들의 환영을 받기 마련이었다. 트웨인은 유머의 달인들을 쫓아다니며 유머의 본질을 배워나갔다. 그는 그 과정을 통해 유머에 있어 가장 중요한 것은 사람들에게 즐거움과 웃음을 주는 것이라는 사실을 깨달았다. 그는 또한 자신이 전해 들은 유머의 의미에 대해 숙고했으며, 그 유머를 누구에게 어떤 방식으로 전할 것인지에 대해서도 고민하게 되었다. 보통 사람들은 웃고 즐기는 것으로 끝내기 마련인 유머를 그는 자신의 생존 도구처럼 중요하게 받아들였던 것이다. 훗날 대가의 반열에 오른 뒤 그가 남긴 말은 그 자신이 유머를 어떤 식으로 받아들이고 활용했는지를 우리에게 보여준다.

"내가 이야기를 잘한다고 말하고 싶지는 않다. 나는 다만 이야기 잘하는 법을 알고 있는 것뿐이니까."

가장 어려운 시절, 자신의 모든 노력을 기울여 유머의 본질을 획득한 트웨인은 이후 평생을 유머의 달인으로 살아간다. 그의 이름부터가 그렇다. 마크 트웨인은 잘 알려져 있듯 수로안내인들이 강물의 깊이를 재는 데서 비롯한 이름이다. 트웨인은 미터법으로 환산하면 3.6미터에 해당한다. 수로안내인들은 깊이를 잰 후 조타수에게 '마크 트웨인' 하고 외치는데, 이는 곧 지나가도 좋다는 뜻이다. 이런 이름을 자신의 필명으로 사용했으니 사람들의 귀에 쏙쏙 들어왔으리라. 마크 트웨인은 이름만으로도 사람들의 기선을 훌륭하게 제압한 셈이다.

트웨인은 《캘리베러스 군의 명물, 뜀뛰는 개구리 The Celebrated Jumping Frog of Calaveras County》라는 작품으로 전국적인 명성을 얻었다. 사람들 사이에 떠돌던 유머로 구성한 이 작품이 인기를 끌자 영어판, 독일어판으로도 출판했으며, 심지어는 이 작품이 원래 그리스 원전에서 따온 것이라며 그리스 원전을 소개하기도 했다. 하지만 이 모든 것들은 다 트웨인의 유머였다. 원전 같은 것은 존재하지도 않았다.

이러한 일련의 활동을 통해 사람들은 트웨인을 무척 재미있는 사람으로 생각하게 되었다. 이후 트웨인은 미국인들의 해외여행 일화를 그린 《철부지 해외여행기 The Innocents Abroad》와 《적도를 따라서 Following the

Equator》를 출간해 돈방석에 오르게 되는데, 재미있는 것은 이 두 책의 내용이 거의 비슷하다는 점이다. 하지만 사람들은 그럼에도 그를 향한 애정을 거두지 않았다. 그런 단점은 애교로 치부해도 좋을 만큼 그가 사람들을 많이 웃겨줬기 때문이다.

유명세를 얻은 그는 전국을 돌며 강연에 나섰는데, 갈고 닦은 유머 덕분에 강연에서도 대성공을 거두었다. 지금으로 치면 그는 가수이자 코미디언이었다. 무대 뒤에서 진지하게 피아노를 치던 트웨인은 막이 올라도 피아노 연주를 멈추지 않는다. 시간이 조금 더 흐른 뒤에야 천천히 일어나 무대 중앙으로 나와서는 또 한참 후에야 이야기를 시작한다. 그런 뒤 그는 사정없이 사람들을 웃기는 유머를 연속으로 구사한다. 관중들은 그야말로 박장대소한다. 이 모든 것을 철저하게 기획한 트웨인은 여유 있는 태도로 관중들을 바라볼 뿐이다.

트웨인은 무대 의상 또한 그만의 독특함을 드러내는 수단으로 사용했다. 흰색 양복에 흰색 구두는 곧 그를 상징하는 트레이드마크가 되었다. 나중에 명예박사 학위를 받은 후에는 금색 레이스와 망토, 사각모까지 활용하는 패션을 선보였다. 유머에 목숨 걸지 않고는 행하기 어려운 일들이었다.

심지어 그는 자신의 조문 기사마저 유머로 가공해 사용했다. 1897년 자신의 사망설이 나돌았을 때, 사태의 추이를 유심히 지켜보던 트웨인은 신문에 이렇게 기고했다.

"내 죽음에 관한 보도는 대단히 과장된 것이다."

그저 부인하고 마는 평범한 방식 대신 유머를 섞어 자신이 아직 건재함을 알렸으니 역시 유머의 대가답다. 1907년 트웨인은 또 한 차례 사망설의 주인공이 된다. 증기선을 탔는데 일정이 지체되자 도착 예정지인 뉴욕이 아닌 다른 곳에서 내린 적이 있다. 이 같은 사실을 알 리 없는 언론이 사망설을 제기하자 그는 이렇게 글을 썼다.

"바다에서 내가 실종된 사건에 대해 부디 철저히 조사해주시기 바랍니다. 그게 사실이라면 나를 애도하는 시민들에게 즉시 알려야 할 테니 말입니다."

트웨인의 일생은 한편의 잘 짜인 코미디나 마찬가지였다. 물론 그의 현실적인 삶은 코미디와는 거리가 멀었지만, 그는 어려움에 처했을 때마다 낙관적이었고, 항상 유머를 가장 먼저 생각했다. 유머를 최고의 가치로 여기며 살아간 그의 인생은 결국 성공적이었다. 그의 작품들은 명작의 반열에 올랐고, 그의 삶 또한 많은 이들에게 깊은 인상을 남기는 데 성공했으므로. 어찌 보면 괴짜일 수도 있는 남자 마크 트웨인을 지금 우리가 기억해야할 이유이기도 하다.

마크 트웨인이 온몸으로 유머의 삶을 살았다면, 린위탕은 최고의 유머 이론가였다. 동서양의 고전을 뒤지며 유머 이론을 만들어나갔던 린위탕은 유머가 인생의 일부분이라며 명쾌하게 단정 지었다. 또한 유머를 인간의 지혜가 발달함에 따라 나타난 지적 산물로 표현함으로써, 유머를 가벼운 유희로 치부하는 세간의 평가에 반대했다. 이러한 린위탕이 손꼽는 유머의 달인은 뜻밖에도 공자다. 그는 공자를 공손하면서도 편안하고, 위엄을 잃지 않으면서도 사납지 않으며, 상대방을 당황시키지 않으면서도 자연스럽게 분위기를 반전시키는, 고급스러운 유머를 구사하는 사람이라고 평가했다. 린위탕이 자신의 주장을 증명하기 위해 든 실례를 인용해보겠다.

한번은 제자인 자유가 관리로 있는 무성 지방을 방문했는데 집집마다 책 읽는 소리와 거문고 타는 소리가 들려왔다. 그러자 공자는 싱긋이 웃으며 "닭 잡는 데 소 잡는 칼이 무슨 필요가 있느냐?"라고 했다. 그러자 자유가 "선생님께서도 이렇게 가르치시지 않으셨습니까? 군자가 도를 배우면 사람을 사랑하고 소인이 도를 배우면 부리기 쉽다고 말입니다" 하며 공자의 말을 반박했다. 그러자 공자는 "애들아, 자유의 말이 옳다. 방금 전에 내가 한 말은 농담이었다"라고 말했다.

정곡을 찌르는 제자의 말에 사태가 불리하게 돌아가자 재빨리 발을 빼고 농담이라고 말하는 공자의 모습이 재미있으면서도 친근하게 다가온다. 무겁고 근엄하게만 느껴지던 공자를 다시 보게 하는 명장면이다.

중국의 고전인 《시경》에서도 해학은 지나치지만 않으면 좋은 것이라고 했다. 마크 트웨인도, 공자도 혀를 내두르고 감탄할 만한 유머의 대가는 실은 고전 중의 고전인《시경》속에 있다. 시는 이렇게 시작된다.

   그대가 진정 날 사랑한다면 치마 걷고 진수라도 건너겠지만
   그대가 날 사랑하지 않는다면

유머의 압권은 바로 그 다음의 시구다.

   어찌 다른 사람이 없으리까
   얄밉고 밉살스러운 나의 님이여

서양과 동양의 사례를 골고루 들었으니 우리나라로 시선을 돌릴 차례다. 린위탕이 들었다면 박장대소했을 사례로 그 주인공은 바로 현대그룹의 정주영 회장이다.

1971년 9월 조선소를 짓기 위한 설비 자금을 얻기 위해 이리저리 분주하게 움직이던 정주영 회장은 마침내 영국의 버클레이 은행의 부총재를 만나게 되었다. 부총재는 정주영 회장의 우격다짐식 행동이 마음에 들지 않았는지 조금은 엉뚱한 질문을 던진다.

"당신은 학교에서 무엇을 전공하셨습니까?"

대학 문턱에도 가본 적이 없는 정주영 회장에게 전공이란 것이 있을

리가 없다. 보통 사람 같으면 적지 않게 당황했겠지만 정주영 회장은 달랐다. 그는 "제가 보낸 사업계획서는 읽어보셨지요?"라고 받아쳤다.

심드렁한 얼굴로 고개를 끄덕거리는 부총재를 향해 정주영 회장은 일격을 날린다.

"그게 내 전공입니다. 조선소를 건설하는 사업계획서 쓰는 것 말입니다."

그때까지 냉랭했던 분위기가 부총재의 웃음과 함께 비로소 밝아졌다. 부총재는 손을 내밀며 이렇게 말했다.

"당신의 전공은 사업계획서 쓰는 것이 아닙니다. 바로 유머가 당신의 전공입니다."

그 회동의 결과가 어떻게 되었는지, 우리는 너무도 잘 알고 있다. 자칫 무산될 뻔했던 조선소 건설은 정주영 회장의 탁월한 유머 덕분에 결실을 맺게 되었다.

모든 사람이 마크 트웨인 같은 유머를 갖출 수는 없다. 또한 모든 유머가 정주영 회장의 조선소처럼 극적인 결과를 가져오는 것도 아니다. 그러나 경영자들은 유머 있는 인재를 더 선호하고, 인간관계 좋은 사람들은 대부분 유머에 좀 더 능하다. 왜냐하면 유머는 웃기는 능력이라기보다, 상대와 공감하고 편하게 어울릴 수 있게 하는 능력이기 때문이다.

중요한 문구들을 항상 머릿속에 넣어둔다

"1963년 8월 28일
역사적인 연설의 마지막을 장식한
'우리는 드디어 자유를 얻었습니다'는
흑인 영가 후렴구에서 가져온 것이다."

- 마틴 루터 킹

　　영화배우 조인성의 이미지는 지적인 것과는 조금 거리가 있을지도 모른다. 하지만 조각 같은 외모에 그의 지성미가 묻힌 건 아닐는지……. 아무튼 조인성이 생각보다 훨씬 똑똑한 배우인 것만은 분명하다. 그 증거는 그가 했던 인터뷰에서 찾을 수 있다. 그는 군 제대를 앞두고 가진 인터뷰 중에 '반구저기反求諸己'라는 고사성어를 인용했다. 순간 당황한 기자가 머뭇거리자, 그는 《맹자》에 나오는 구절이라 설명하고는 그에 대한 자신의 생각을 보탰다.

　"문제가 있으면 남을 탓할 게 아니라, 자신이 모르는 걸 탓해야 한다는 겁니다. 사람들은 자꾸 남 탓을 합니다. 그러면서 세상이 날 몰라준다, 인정 안 한다 하며 불평을 늘어놓습니다. 나는 항상 내가 가장 '하수下手'라는 생각으로 일을 해왔습니다. 세상엔 나보다 뛰어난 고수들이 너무도 많기 때문입니다."

　조인성의 말대로 '반구저기'는 《맹자》의 '이루離婁 상'에 나온다. 조인

성과 맹자라…… 쉽게 떠올릴 수 있는 조합은 아니다. 기자가 놀란 것도 그 때문이었으리라. 조인성은 책을 읽으며 머릿속에 넣어두었던 맹자의 구절을 적절한 때 인용함으로써 자신에 대한 세간의 고정 관념을 완전히 바꾸는 데 성공했다.

연예인 중에 중요한 문구들을 적절히 인용하거나 자기 식으로 재해석하는 것을 자신의 트레이드마크로 삼은 이로는 김제동을 빼놓을 수 없다. 그의 발언들을 모은 《김제동 어록》이라는 책이 발간되었을 정도이다.

그의 언변이 쉽게 나온 것은 아니다. 그는 아침에 일어나면 신문부터 펼친다. 신문 종수도 4개 이상인데 보는 방법 또한 남다르다. 그날의 주요 사건을 여러 신문에서 어떻게 다뤘는지 비교 분석한다. 그러고는 그중에 인상적인 기사들을 모아 스크랩하고 그 옆에 자신의 의견을 적어둔다. 단순히 읽고 이해하는 것이 아니라 완전히 자기 것으로 만들어버리는 것이다. 그동안 만든 스크랩북이 벌써 10여 권이나 된다는 그는 하루라도 신문을 읽지 않으면 입 안에 가시가 돋친다고 너스레를 떨기도 한다.

책 또한 마찬가지다. 그는 책을 읽으면서 중요한 구절이 나오면 그 자리에서 암기를 한다. 이 습관은 일상화되어 있어서 고속도로 휴게실에 있는 '오늘의 명언' 같은 것도 보자마자 암기해버릴 정도다. 겸손한 그는 자신의 어록이 훌륭한 사람들의 말에 자신의 견해를 살짝 더한 것일 뿐이라고 말한다. 그러나 중요한 문구들을 암기하고 그것들을 완전히 자신의 것으로 만든 후에 자신만의 견해까지 추가하는 일이 결코 쉽지 않은 일임을 우리는 너무도 잘 알고 있다.

　사실 중요한 문구들을 머릿속에 넣어두는 습관의 대가는 바로 마틴 루터 킹이다. 그는 어려서부터 학업에 특별한 재능을 보였다. 장래가 촉망되는 이 소년은 결국 유서 깊은 흑인 학교에 들어가 영재 교육을 받게 된다. 뛰어난 이들이 그러하듯 고교를 졸업한 킹 앞에도 여러 가지 선택지가 놓여 있었다. 세속적 성공을 보장하는 의사와 법관, 그리고 가족이 대대로 선택한 직업인 목사 중에 갈등하던 킹은 결국 목사를 자신의 길로 받아들인다. 이후 킹의 행보는 거칠 것이 없었다. 우수한 성적으로 신학교를 마친 킹은 보스턴대학에서 박사 학위를 받았고, 앨라배마 주 몽고메리에 있는 덱스터 애비뉴 침례교회의 목사로 부임함으로써 영적인 일에 첫걸음을 내딛게 된다.
　모두가 주목하던 유망 목사이기는 하나 아직은 풋내기에 불과했던 킹에게 분기점이 찾아온다. 1955년 12월 1일, 향후 몇 년간 미국을 뜨겁게 달구게 될 흑인 운동의 도화선에 불을 붙인 사건이 발생한 것이다. 재봉사 로사 파크스는 일을 마치고 버스에 올라탔다. 빈자리를 찾아 앉으려 했지만 기사는 백인의 자리라며 로사 파크스를 앉지 못하게 했고 그녀는 부당하다며 이를 거부했다. 결국 로사 파크스는 체

포되었고 흑백분리법 위반으로 유죄 판결을 받았다. 흑인 사회는 이 사건을 간과하지 않기로 결정했다. 아예 전국적인 시위를 벌이기로 한 것이다. 흑인들은 몽고메리 개선협회를 설립해 킹을 회장으로 임명했다. 그러고는 항소와 더불어 버스 승차 거부 운동을 벌여나갔다.

사실 킹이 회장으로 선출된 것은 다소 의외였다. 전도유망하다고는 하나 이렇다 할 능력을 보인 적도 없었다. 흑인들이 킹을 대표자로 내세운 데에는 전략적인 판단이 있었다. 무엇보다도 킹은 젊은 흑인의 대표자 이미지에 잘 어울렸으며, 설사 잘못되더라도 킹만 처벌받으면 되기에 기존의 조직은 온전히 보전할 수 있었다.

아무튼 생애를 통틀어 가장 중요한 임무를 맡은 킹은 떨리는 가슴을 진정시키고 단상에 섰다. 문제는 연설이었다. 회장이 되리라고는 생각조차 하지 않았기에 킹은 연설 준비 같은 것은 하지 않았다. 그렇다고 수많은 군중 앞에 머리를 긁적이고 있을 수도 없었다. 다행히도 킹은 연설을 두려워하는 타입의 인물은 아니었다. 게다가 킹에게는 평소 중요한 문구들을 머릿속에 넣어두는 습관이 있었다. 그의 머릿속은 연설 백과사전이나 마찬가지였다. 독립선언서, 권리장전 등은 물론이고 성경의 주요구절과 고전 속 명 문구들, 그리고 헌법과 감동적인 연설문, 심지어는 힌두교, 이슬람교와 간디 사상의 골자까지 하나도 빠짐없이 그의 머릿속에 있었다.

킹은 자신의 머릿속에 든 것들 중 적절하다고 판단되는 것들을 꺼내

조합하기 시작했다. 물론 그 모든 과정은 무척 짧은 시간에 이루어졌다. 청중은 그가 사전에 준비한 문구를 토대로 연설을 한다고 생각했을 것이다. 반응은 폭발적이었다. 그날의 연설 이후 킹은 일약 전국적인 흑인 지도자로 자리매김하게 되었다.

하지만 시간이 흐름에 따라 말콤 X 등이 이끄는 좀 더 폭력적인 운동이 대두되기 시작했고, 상대적으로 킹의 입지는 좁아졌다. 자칫 잘못하다가는 내부 다툼으로 시간을 헛되이 소모할 수도 있었다. 다행히 리더들의 합의로 워싱턴에서 합동 시위를 열기로 결정되었다. 1963년 8월 28일에 벌어진 시위의 참가 인원은 무려 20만 명에 이르렀다. 주요 흑인 지도자들이 연설을 맡았고, 킹에게는 8분의 시간이 주어졌다.

물론 킹은 미리 연설 원고를 준비했다. 하지만 시간이 흐르자 그는 원고를 보지 않게 되었다. 그의 머릿속에 들어 있는 중요한 문구들이 다른 말을 하라고 충동질했기 때문이다. 그는 즉석에서 연설을 하기 시작했다. 그것이 바로 '나에게는 꿈이 있습니다'로 시작하는 연설이다. 군중들은 환호했다. 킹의 즉석 연설에 포함된 내용은 군중들이 요구하던 바로 그것이었다. 킹은 마지막 한마디까지 능숙하게 처리했다. 그는 머릿속에서 흑인 영가의 후렴구를 가져왔다.

"우리는 드디어 자유를 얻었습니다."

이 연설은 킹의 트레이드마크가 되었다. 백악관에 킹을 초대한 케네디조차 이 구절을 다시 인용했을 정도였다. 그해 킹은 〈타임〉이 뽑은 올해의 인물이 되었으며, 다음 해에는 노벨 평화상을 수상했다. 오늘날 우리가 기억하는 킹은 '나에게는 꿈이 있습니다'로 시작되는 즉흥 연설의 대가로서이다. 그가 머릿속에 넣어두었던 수많은 지식 덕분임은 두말할 필요가 없으리라.

중요한 문구들을 암기하는 것은 경영에도 도움이 된다. '시스코'는 세계 네트워크 장비 시장의 3분의 2를 석권하고 있는 초일류기업이다. 1984년 설립되어 361억 달러의 매출(2009년 기준)과 61억 달러의 순익을 기록했다. 취임 당시 연매출 12억 달러에 불과했던 시스코를 오늘날의 초일류기업으로 변신시킨 존 체임버스^{John Chambers} 회장은 킹 못지않은 즉흥 연설의 대가로도 유명하다.

그는 프레젠테이션을 진행하면서 화면을 거의 보지 않는다. 이유는 간단하다. 중요한 내용들을 모조리 암기하고 있기 때문이다. 그렇다고 그가 천재인 것은 아니다. 실은 그 반대다. 의사인 부모의 1남2녀 중 첫째 아들로 태어난 그는 글자를 읽거나 쓰는 데 어려움이 있는 난독증 때문에 초등학교 때부터 개인 교습을 받아야 했다. 하지만 의지가 강한 그는 난독증을 이겨냈고, 그 결과 고등학교를 우수한 성적으로 졸업하는 데 성공했다. 방법은 무엇이었을까? 단 한 가지, 중요한 내용들을 모조리 암기하는 것이었다. 독서 능력에는 문제가 있었으나 암기력에는 아무 문제가 없었기 때문이다.

물론 그는 지금도 책 읽는 것을 싫어한다. 자란 이후로는 한 번도 독서를 즐겁게 해본 기억이 없다고 한다. 하지만 그는 오랜 습관대로 회의 때 들은 내용까지 모두 기억한다. 그의 표현대로 "어떤 것을 보거나 전체 개념을 외우는 것을 잘하는" 수준에 이른 것이다. 거대기업 시스코의 출발은 어쩌면 중요한 것들을 모조리 기억해버리는 그의 사소하지만 중요한 단 하나의 습관에서 비롯되었을지도 모를 일이다.

흔히 학창시절 암기식 공부법은 변화되어야 할 첫 번째 낡은 공부법이라는 인식이 있어 왔다. 물론 통째로 외우는 방식으로만 일관한다면 문제가 있지만, 암기의 순기능을 무시하면 오산이다. 책에서 아무리 좋은 문구를 읽었다 하더라도 잊어버리면 내 것이 될 수 없다. 내가 성장하고 발전하는 데 자양분이 될 문구를 자기 것으로 만들려면 외우는 습관이 반드시 필요하다.

엄격한 잣대로 자신을 경계한다

"맑은 방울 소리를 듣고 깨우침을 얻는 것이다.
소리가 날 때마다 나 자신을 경계하고
잘못을 되짚어본다."
- 서릿발 같은 기개의 소유자 조식

 '패령자계佩鈴自戒'란 고사성어가 있다. 방울을 차서 자기 자신을 경계한다는 뜻이다. 선조와 광해군 밑에서 이조, 형조 판서 등을 지낸 이상의는 당파에 구애받지 않고 고르게 인재를 등용하는 것으로 유명했다. 하지만 어릴 적의 그의 모습은 그와는 완전 딴판이었다. 경솔한 성격이어서 남에게 상처가 되는 말을 쉽사리 내뱉었으며, 인내력도 부족해 한자리에 오래 앉아 있지도 못했다. 그렇다 보니 이상의의 부모는 아들 걱정에 하루도 편안히 지낼 수가 없었다. 자신 때문에 늘 근심걱정에 빠져 사는 부모를 본 이상의는 어느 날 결단을 내린다. 작은 방울을 허리에 차고 생활하기로 마음먹은 것이다. 방울은 조금만 움직여도 소리가 나게 마련이다. 이상의는 방울 소리가 들릴 때마다 자신을 경계하는 마음을 다졌다. 처음에는 빈번하게 들리던 방울 소리가 점차 그 빈도가 줄어들었다. 나이가 들어서는 마치 한 몸이라도 된 듯 움직여도 소리가 나지 않는 경지에 이르렀다. 이 이야기가 널리 알려져 후세에 경박한 자식의 버릇을 고치려는 사람들은 반드시 그의 예를 모범으로 삼게 되었다고 한다.

패령자계의 고사는 이상의에게 양보했지만 그보다 앞서 방울 소리로 자신을 경계한 이가 있다. 그가 바로 조식이다. 조식은 처사의 삶을 살았다. 대부분의 선비가 택할 수 있는 길은 두 가지가 있었다. 조정에 출사해 관료로 살아가거나 산림에 머물며 학문을 닦는 길이다. 조식이 택한 것은 후자의 삶이었다.

조식은 잡념이 스며드는 것을 무척 경계했다. 이겨내려 해도 잘 되지 않자, 그는 색다른 방법들을 쓴다. 무릎을 꿇어 앉은 뒤 물을 담은 그릇을 두 손에 들고 밤을 새우는 것이 그가 생각해낸 방법이었다. 자칫 정신을 놓았다가는 그릇이 쏟아져 물벼락을 맞을 테니 긴장하지 않을 수가 없다. 말은 쉬우나 웬만큼 독한 이가 아니고서는 따라하기가 쉽지 않다. 또 하나는 걸을 때 사용하는 방법인데 허리춤에 방울을 다는 것이었다. 조식은 이 방울을 '성성자惺惺子'라고 불렀다. 훗날 제자들이 조식에게 성성자를 차고 다니는 이유를 물은 적이 있다. 조식은 그에 대해 이렇게 답했다.

> 맑은 방울 소리를 듣고 깨우침을 얻는 것이다. 소리가 날 때마다 나 자신을 경계하고 잘못을 되짚어볼 수 있다. 이렇게 좋은 물건이니

너희들도 차고 다녔으면 좋겠다.

실로 무서운 사람이 아닐 수 없다. 걸으면서 방울 소리가 나지 않을 수는 없는 법. 조식은 삶의 순간순간마다 자신을 경계하며 산 것이다.

보통 사람은 이 정도로도 이미 두 손 들었겠지만 조식은 무언가 부족함을 느꼈던 것 같다. 이번에는 칼이 등장한다. 조식은 칼을 옆에 두고 책을 읽었다. 그러다가 졸음이 오면 칼집을 들어 손으로 만졌다. 그 속에 칼이 들어 있다는 것을 생각하면 정신이 번쩍 들었고 그 힘으로 계속해서 책을 읽어나간 것이다. 그 칼에 새겨놓은 문구 또한 지극히 조식답다.

'속으로 밝은 것은 경敬이요, 밖으로 절조가 드러나는 것은 의義다.'

서릿발 같은 기운의 소유자라 할 수 있다.

이렇듯 자기 경계를 철저히 하는 조식을 임금이 그냥 놓아둘 리 없었다. 이름 있는 이를 하나라도 끌어들여야 임금의 권세도 높아지는 법이니까. 하지만 조식은 자신에게 내려지는 관직들을 잇달아 거절한다. 고민 끝에 명종은 조식이 거절하기 힘든 제안을 내놓는다. 조식이 거처하는 삼가현의 이웃 마을인 단성현의 현감으로 임명한 것이다. 보통 사람 같았으면 이렇듯 관대한 처사에 기뻐하며 관직을 받아들였을 것이다. 하지만 조식은 이번에도 관직을 거절한다. 한술 더 떠 아예 임금을 비판하는 상소까지 올린다. 그런데 이 상소의 문구 또한 지극히 조식답다. 조식은 나라의 근본이 없어지고 민심이 떠났음을 논하며, 자신의 안위에만 신경 쓰는 벼슬아치들의 행태를 비판한다. 여기까지야 비판적이기는 해도 충분히 수용할 수 있는 내용들이다. 문제는 그 다음에 쓴 문구들이다.

"대비께서는 신실하고 뜻이 깊으나 구중궁궐의 과부에 지나지 않습니다. 임금께서는 아직 어리시니 선대왕의 외로운 후사일 뿐입니다. 이래서야 하늘의 재앙은 어찌 감당하고 흩어진 민심은 어떻게 수습할 수 있겠습니까?"

조정이 발칵 뒤집힌 것은 당연하다. 말을 삼가기로 유명한 이황조차 조식이 조금 지나쳤다고 말했을 정도였다. 하지만 명종으로서도 조식을 처벌할 수는 없는 처지였다. 관직을 받지 않겠다는 이에게 거듭 관직을 내린 것은 바로 자신이었다. 그로부터 비롯된 사단이니 처벌을 했다간 이러저러한 말들을 들을 것이 분명했다. 명종은 그저 대비까지 언급한 것은 불쾌하다는 정도의 의사를 표명하는 것으로 사태를 마무리했다.

그 이후 조식은 학문에 몰두하며 제자를 양성해낸다. 하늘을 찌를 듯한 기개를 지녔던 조식이다 보니 제자들도 만만치 않다. 임진왜란 때 홍의장군으로 불리며 맹활약을 펼쳤던 곽재우와 광해군 시절 최고의 실세로 군림했던 정인홍이 대표적이다. 그 외에도 정구, 김효원, 김우옹, 최영경 등이 대표적인 인물들이다. 이들에게는 몇 가지 공통점이 있다. 정계에 나가기보다는 은둔하며 학문에 몰두했으며, 그럼에도 임진왜란과 같은 국난이 발생했을 때는 창칼을 들고 의병이 되어 나섰다.

조식이 죽자 조정에서는 대사헌을 추증함으로써 그의 고고했던 기개를 기렸다. 《선조실록》에 나오는 사관의 평은 있는 그대로의 조식의 모습을 제대로 그려내고 있다.

"조식은 기상과 도량이 청고하고 눈에서는 빛이 나 도무지 세속 사람 같지 않았다. 평상시에 온종일 단정히 앉아 게으른 모습을 보이지 않았는데 칠십이 넘어도 그 태도는 한결 같았다."

인물 평에 일가견이 있는 이이는 조식의 미흡한 면을 이렇게 지적하기도 했다.

"경세제민에 있어서는 깊은 이해가 부족했다. 그러니 세상에 나와서 일을 했다 해도 성과가 크지 않았을 수 있다."

이이다운 냉철한 비판이 아닐 수 없다. 하지만 그런 이이조차도 평생 스스로 경계하는 습관을 지니며 살았던 부분에 대해서는 높게 평가한다.

"조식은 천 길 절벽이 우뚝 서 있는 듯한 기상을 지닌 사람이다."

이이의 말대로 조식은 평생 서릿발 같은 기개 하나로 살아간 사람이었다. 만년에 그는 지리산 자락에 산천재를 짓고 후학을 양성한다. 이때도 자신을 경계하는 습관은 그대로였다. 조식이 가장 중시한 것은

'경'과 '의'였다. 그는 이 두 글자를 산천재 창문에 붙여놓고 매일 같이 바라보았다. 그가 평생 옆에 둔 성성자와 칼은 바로 경과 의의 상징물이나 다름없었다. 조식이 지은 시 구절을 인용해본다.

> 태산이 들보와도 같아
> 하늘의 한 모퉁이 받치고 섰다.

여기서의 태산이란 두 말 할 것도 없이 조식 자신이다. 자신에 대한 자부심 또한 대단했음을 알 수 있다. 하지만 그 자신감이 근거 없는 것은 결코 아니었다. 평생에 걸친 수양과 자기 경계의 습관이 있었기에 그 같은 태도로 살아갈 수 있었던 것이다.

조식과 이상의로 이어지는 자기 경계의 습관은 실은 고대 중국에서 그 연원을 찾을 수 있다. 공자가 노나라 환공의 사당을 방문했을 때의 일이다. 사당에는 환공이 늘 자신의 곁에 두었던 그릇이 하나 있었다. 이 그릇의 이름은 기기(敧器)인데 물이 가득 차면 뒤집어지고, 비우면 조금 기울어지고, 절반이 차면 반듯하게 놓이는 특이한 그릇이었다. 한 나라의 임금 된 자는 늘 모든 것을 다 가지려 하기 마련이다. 환공은 그러한 마음을 경계하여 기기란 그릇을 늘 곁에 두고 자신에 대한 경계로 삼았던 것이다. 공자는 물을 가져와 직접 실험해본 후에 이렇게 말했다.

"가득 채우고도 기울지 않는 것은 없다."

노 환공의 기기에 깃든 정신과 이상의의 패령자계에 깃든 정신은 동일하다. 쉬지 않고 자신을 경계하는 습관을 지닐 것, 그 하나다.

얼마 전 가수 비는 한 인터뷰에서 "당신은 최정상에 있다. 더 이상 올라갈 데는 없다고 볼 수 있지 않은가?"라는 질문을 받았다. 객관적으로 봐도 남자 댄스 가수 중 최정상이라 볼 수 있고, 그 자신도 평소에 자신감이 넘치는 편이라 어느 정도 수긍의 답을 듣게 되리라 생각한 리포터는 뜻밖의 대답을 들었다. 바로 다음과 같은 말이다.

"내가 정점에 섰다고 생각하는 순간이 망가지는 지름길입니다."

어느 정도 여유를 가질 만한 지금도 매일 아침 세수를 할 때마다 거울을 보며 마음을 가다듬고, '내일 아침도 이 눈빛을 하자'고 다짐한다는 그다운 대답이다.

걸프전 당시 사막의 폭풍 작전을 지휘했던 미 육군대장 노먼 슈워츠코프 Norman Schwarzkopf는 자서전에서 자신의 농담에 웃는 사람을 가장 경계한다고 썼다. 그는 자신의 농담이 재미없다는 사실을 잘 알고 있었기에 자신의 농담에 웃는 것은 농담이 재미있어서가 아니라, 자신에게 아부하려는 목적 때문임을 명확히 깨달았기 때문이다. 가수 비와 노먼 슈워츠코프 모두 '기기'의 정신을 늘 잊지 않고 사는 인물이라 할 수 있다.

물론 항상 흐트러지지 않은 모습을 보이며 산다는 게 쉬운 건 아니다. 중요한 것은 자신에게 엄격해야 한다는 당위가 아니라, 그러려고 끊임없이 노력하는 자세이다. 그래서 앞서 말한 인물들도 모두 방울, 칼, 그릇, 거울 등 자신을 가다듬는 도구를 이용해서라도 흔들리는 자신을 꼿꼿하게 만들려 한 게 아닐까.

점심은 혼자 먹지 않는다

시계처럼 단조로웠던 칸트의 일상.
그런데 어떻게 그런 혁명 같은 사상을
완성할 수 있었을까. 그것은 바로
'토론'의 힘이었다.

– 여러 직종의 사람들과 매일 점심 토론을 즐긴 칸트

　임마누엘 칸트는 정확한 시계와도 같은 사람이었다. 그가 평생을 살았던 쾨니히스베르크 시민들이 산책하는 그를 보고 시계를 맞추었다는 일화는 유명하다. 물론 단 한 번, 장 자크 루소의 《에밀》을 읽느라 산책 시간을 놓친 예외가 있긴 하지만. 칸트의 하루 일과는 비교적 규칙적이었다. 그는 아침 일찍 일어나 오전 시간에 강의를 했으며, 강의를 마친 후에는 커피숍에서 담화를 나누거나 신문을 읽었다. 서점에서 열리는 토론 모임에도 빠짐없이 참석했다. 하지만 일반에는 덜 알려진 습관이 하나 있었다. 그것은 바로 '점심은 절대 혼자 먹지 않는다'는 원칙이다. 그 이유 또한 지극히 칸트답다. 철학자에게는 홀로 먹는 점심이 해롭기 때문에 남들과 같이 먹는다는 것이었다.

　엄격한 생활 방식과 난해한 그의 학문 덕에 칸트는 상류 가문 출신으로 오해받곤 한다. 하지만 칸트의 아버지는 가난한 마구 제조업자였다. 그 때문에 대학을 졸업해도 가정교사 아르바이트를 하느라 공부를 제대로 이어갈 수 없었고, 원외 교수 임용에 탈락한 후에는 생계를 위해 시간 강사, 도서관 사서 일을 해야 했다. 칸트는 40대 중반에 들어선 뒤에야 비로소 쾨니히스베르크대학의 논리학, 형이상학 교수로 임용되었는데, 지금은 철학사 사상 둘도 없는 천재로 일컬어지지만 당시 그에 대한 평가는 사뭇 야박했다. 57세 되던 해 역작《순수이성비판》을 세상에 내놓았을 때도 그의 책에 대한 평가는 혹평 일색이었다. 그래도 칸트는 세간의 혹평에 개의치 않고 계속해서 집필에 몰두해, 7년 후《실천이성비판》을, 2년 후《판단력 비판》을 내놓음으로써 3부작을 모두 완성했다.

이 당시 칸트가 즐겨 점심을 함께 먹던 사람이 있는데, 그는 철학자가 아니라 상인인 요셉 그린이었다. 더군다나 칸트는 그와 토론하기를 무척 즐겨했다. 심지어는《순수이성비판》을 한 장 한 장 넘겨가며 토론했다고 전해진다. 농담을 즐겨하는 타입이 아닌 칸트의 진술에 따른 것이니 거짓으로 치부할 수는 없는 일이다. 물론 요셉 그린 말고도 토론에 함께 참여하는 이들은 꽤 되었다. 그중 가장 유명한 인물로는 요한 게오르크 하만이라는 공무원이 있다. 그런데 우리를 더욱 놀라게 하는 것은 당시에는 이 인물이 칸트보다 더 유명했다는 것이다. 유명 귀족의 부인이 하만을 만나기 위해 칸트를 부른 적도 있었다고 하니, 당대 하만의 인기에 비하면 칸트는 그저 그 부속품 정도로 취급받았음을 알 수 있다.

경위야 어찌되었건 점심 식사와 그에 이어지는 토론은 칸트의 삶에서 없어서는 안 되는 중요한 일과였다. 토론에는 요셉 그린과 하만 외에도 그의 제자들과 벗들이 함께하곤 했다. 점심 때 시작된 토론은 저녁까지 이어지기 일쑤였다. 그러나 그의 주위 사람들 모두가 그처럼 열성적인 것은 아니었다. 하나둘 약속을 핑계로 사라지면 끝날 무렵에는 칸트와 한두 명의 사람만 남는 것이 고작이었다.

칸트는 이들과의 토론을 통해 자신의 사상을 날카롭게 가다듬어 갔다. 그뿐만 아니라 발전된 사상은 당대 현실에 대한 고민으로 이어졌고, 최고 권력 집단인 교회와 종교를 비판하는 글들도 많이 발표하게 되었다. 그러나 당시 프리드리히 빌헬름 2세는 종교를 대놓고 비판하는 것을 싫어했고, 비판의 수위를 낮추지 않는 칸트에게 끊임없는 압박이 들어왔다. 결국 칸트는 종교철학 관련 논문을 더 이상 내놓지 않고 강의도 줄이게 된다.

하지만 압박 하나만으로 탄압하기에는 칸트 사상의 힘이 너무 커졌다는 것을 관계당국은 알지 못했다. 칸트의 책들은 그의 제자들과 출판업자들을 통해 전 유럽으로 퍼져나갔다. 그 때문에 세상을 떠날 무렵 칸트는 이미 유럽 최고의 지성으로 추앙받는 단계에 이르러 있었다. 그의 장례식이 열리던 날 쾨니히스베르크는 슬픔에 잠겼다. 수천 명의 시민들이 그의 운구 행렬을 따름으로써 철학자의 마지막 가는 길을 지켜주었다.

칸트는 자신이 태어나고 자란 땅 쾨니히스베르크에서 150킬로미터 이상 벗어난 적이 없다. 그의 일생은 단조로웠다. 시계처럼 정확한 하루를 보냈고, 그마저도 강의, 그리고 벗들과의 점심과 토론으로 보냈다. 하지만 그가 남긴 사상은 세상에 커다란 족적을 남겼다. 피히테, 헤겔, 쇼펜하우어 같은 독일의 대철학자치고 칸트의 영향을 받지 않은 이는 없었다. 훗날 실러는 칸트를 이렇게 평가했다.
"그는 불멸의 무한한 선물이다."

칸트와 정반대의 길을 택한 인물 중에 일본의 간 나오토菅直人 총리가 있다. 지진에 대한 미흡한 대응으로 원성을 산 나오토 총리는 홀로 점심 식사를 하는 습관으로 언론의 도마에 오른 바 있다. 점심때면 비서가 과일 디저트가 포함된 식사 쟁반을 들고 총리 관저 5층 집무실로 올라가는데, 채 20분도 안 돼 빈 식기를 들고 내려오는 모습이 자주 목격되었다고 한다. 주변에선 히키코모리(은둔형 외톨이)가 되는 것 아니냐는 걱정까지 했다고 하니, 그 정도가 자못 심했음을 알 수 있다. 비서실에서는 "총리가 워낙 바쁘기 때문에 혼자 생각할 시간이 필요하다. 조용히 국정 운영을 가다듬고 있다"고 설명했다지만, 한 나라의 총리로서 혼자 점심을 먹는다는 것은 아무래도 좋은 일은 아닌 것 같다. 결국은 혼자 점심을 먹는 그 습관이 소통의 부재를 불러왔고, 지진과 원전 문제에 대한 안일한 대응으로 이어진 것은 아닐까?

그러나 일본에서 혼자 점심을 먹는 사람이 간 나오토 총리 하나만은 아니다. 도쿄대학을 비롯한 몇몇 대학에 '화장실에서 밥을 먹지 말라'는 경고문이 붙어 있다는 소문이 돈 적이 있다. 일본인들은 설마 그렇겠느냐고 고개를 저었다. 호세이대학은 그 소문을 단순한 소문으로 보아 넘기지 않고 학생들을 대상으로 설문 조사에 들어갔다. 결과는 충격적이었다. 설문에 응한 400명 중 9명이 화장실에서 식사한 적이 있다고 답변한 것이다. 2퍼센트를 상회하는 비율이니 실로 놀라운 비율이 아닐 수 없다.

최근 들어 짧은 점심시간을 쪼개 영어 공부, 운동 등 자기계발에 몰두하는 직장인도 많이 있다. '런치투어족'이라는 신조어까지 생겨났을 정도이다. 물론 그 열정은 박수 받아 마땅하다. 그러나 대부분의 CEO들은 잠을 줄여 공부를 할지언정, 쉽게 부담 없이 사람들과 교류하고 소통할 수 있는 점심시간의 기회를 놓치지 않는다.

《혼자 밥 먹지 마라》라는 제목의 책이 베스트셀러가 된 것도 이유가 있다. 내용도 내용이지만 제목이 어필하는 바가 컸다고 생각한다. 칸트가 될 것인지, 간 나오토 총리가 될 것인지는 당신의 선택에 달렸다.

편지에는 일일이 답장을 쓴다

"때마침 우유술을 빚어서
젖빛처럼 하얀 술이 술동이에 뚝뚝 떨어지니,
얼른 오셔서 맛보시는 게 좋겠습니다."

– 허균의 편지 중에서

　　강희제의 뒤를 이어 천자의 자리에 오른 옹정제는 황제치고는 무척이나 특이한 사람이었다. 13년의 재위 기간 동안 북경 근교 너머로 움직인 적도 없었고, 궁전을 확장하는 공사도 벌이지 않았다. 구두쇠 기질 또한 대단했다. 공무로 북경에 들른 김에 황제를 알현하기 원하는 관리들에게는 쓸데없는 일에 신경 쓰지 말라는 경고를 보냈고, 종이 대신 비단에 쓴 보고서라도 올라오면 불같이 화를 냈다. 천하의 재물은 만민의 것이니 황제 한 사람을 위해 쓰는 것은 옳지 않다는 게 그의 생각이었다. 대청제국의 황제로 재위하는 동안 그의 머릿속을 사로잡은 것은 단 하나밖에 없었다. '천하 만민이 근심하지 않도록 제국을 올바로 운영하는 것', 바로 그 한가지였다. 원활한 국정 운영을 위해 옹정제가 택한 방법 또한 지극히 옹정제다웠다. 그는 붓 한 자루만으로 광대한 제국을 자신의 뜻대로 다스려 나갔다.

옹정제는 사실 황제치고는 드물게 내성적인 사람이었다. 형제들이 사냥과 음주가무로 호쾌함을 뽐낼 때, 그는 서재에 들어앉아 책을 읽거나 제국의 운영 방안을 고민하면서 시간을 보냈다. 강희제가 넷째 아들인 그를 후계자로 선택한 것은 내성적이지만 주도면밀한 그의 성격적 특성을 제대로 파악했기 때문일 것이다. 결국 옹정제는 강희제의 기대를 저버리지 않았다.

옹정제가 가장 먼저 손을 댄 것은 부패의 기미를 보이기 시작한 관료제였다. 제국이 자리를 잡기 시작하자 관료제 또한 뿌리를 내려갔다. 넓은 영토를 황제 혼자 다스릴 수는 없었기 때문이다. 그 때문에 관료들은 제국 운영의 핵심으로 자리 잡았지만 그 과정에서 발생하는 부패 또한 만만치 않았다. 특히 지방관들은 자신의 시간 중 많은 부분을 중앙 관료와의 친분을 도모하는 데 썼다. 그 과정에서 백성들은 고통을 당할 수밖에 없었고, 국가의 재정은 고갈될 수밖에 없었다. 여태껏 어느 정도는 필요악이라고 여겨지던 이 부분을 옹정제는 과감히 손대기로 결심한 것이었다. 옹정제는 지방관들이 반드시 지켜야 할 지침을 칙령으로 내린 데 이어 부패 척결을 위한 일대 전쟁마저 선언해 버린다.

"관료들의 기강 해이는 더 이상 손을 쓸 수 없는 지경에 이르렀다. 나는 이 구습을 일신한 것이다."

물론 말로만 되는 일이 아니다. 닳고 닳은 관료들을 위협하기 위해서는 실제적인 방안이 필요했다. 역대 제왕들이 실패한 부분도 바로 이 부분이었다. 하지만 옹정제는 달랐다. 그는 자신만의 계획이 준비되어 있었다. 밀정을 활용하는 것이 그중 하나의 방법이었다. 하지만 그것만으로 관료들을 완벽하게 제어할 수는 없는 일이다.

이때 등장하는 것이 바로 옹정제만의 두 번째 독특한 방법이다. 원래 관료들은 지방관으로 부임하면 '주접奏摺'이라 불리는 문서를 작성해 황제에게 올리게 되어 있다. 하지만 옹정제 시대 이전의 주접은 그저 형식적인 문서에 지나지 않았다. 중요한 내용은 다시 공식적인 라인을 통해 보고되므로 황제는 그저 읽어보고 최종 사인만 하면 그만이었다. 옹정제는 이 주접을 적극적으로 활용하기로 결심했다. 먼저 새로 부임하는 지방관을 불러 여러 가지 훈계를 한다. 지방관은 이를 반드시 기억해 임지에 도착하자마자 그 훈계들을 문서로 정리한 주접을 보내야 한다. 일단 주접이 도착하면 옹정제는 그것을 꼼꼼히 읽고 여백에 붉은 글씨로 평가를 내린다. 이는 다시 해당 지방관에게 보내진다. 황제의 답신이 적힌 주접을 받은 지방관은 자신이 다스리는 지역에서 발생하는 중요한 사건을 수집해 다시 보내야만 한다.

그런데 이 주접은 오직 황제만이 볼 수 있다는 것이 이전과 다른 점이었다. 주접을 다른 사람이 볼 수 있다면 지방관은 자신의 진심을 제대로 적어 올리지 않을 것이 분명했다. 그렇다면 그 주접은 아무런 의미가 없는 것이 되어버린다. 옹정제는 이점을 염려해 철저한 비밀 보장을 지방관들에게 미리 약속했던 것이다. 이 주접에 특별한 양식은 없었다. 심지어 옹정제는 글씨를 흘려 써도 좋고 시간이 없을 때면 대필을 시켜도 된다고까지 했다. 중요한 것은 그 안에 담긴 정보의 내용과 신속성이었다. 옹정제는 이 주접을 통해 지방의 소식을 빠르게 접할 수 있었고, 중대한 결정을 내릴 때 이들 정보를 우선적으로 활용해 나갔다. 하지만 주접의 용도가 정보 획득에만 있는 것은 아니었다. 옹정제는 이 주접을 통해 지방관들의 자질 또한 파악해나갔다.

옹정제는 가치 없는 정보를 보내오는 지방관들에게는 호된 꾸중을 담은 글을 써 보냈다. 그의 문장은 그야말로 신랄하기 그지없었다. 몇 개의 예를 들어보겠다.

"바보는 고칠 수 없다는 말은 바로 너 같은 이를 두고 하는 말이다."

"무능한데다 욕심은 많아 매사 쓸모없는 일만 한다."

"개, 돼지도 너보다는 낫겠다."

황제의 문장이라고는 보기 어려울 정도로 적나라한 표현들로 가득 차 있다. 노력하기는 하나 기대에 못 미치는 지방관에게는 보고의 요령을 알려주는 글을 보내기도 했다.

"확실한 것과 소문으로 들은 것을 구분해서 쓰도록 해라."

"견문이 부족한 사람은 올바른 판단을 내릴 수 없다. 그러니 가감 없이 보고하도록 해라."

요령을 알려주고 꾸중해도 개선되지 않는 지방관은 지체 없이 교체

했다. 지방관 개인의 됨됨이에 대한 철저한 파악 후에 이뤄진 교체이니 잘못될 가능성은 적었다. 이런 과정을 통해 옹정제는 유능한 지방관들을 제국 곳곳에 배치하고, 그들을 통해 최신 정보를 획득할 수 있었다.

물론 이는 쉬운 일은 아니었다. 옹정제의 하루 일과는 그야말로 빠듯했다. 새벽 같이 일어나 여러 차례 회의를 하는 것은 물론이고 경연과 독서 또한 빠짐없이 해야 했다. 그럼에도 옹정제는 하루 몇 십 통에 달하는 주접들을 일일이 읽고 그에 대한 답장을 쓰는 일을 멈추지 않았다. 주접들 중에는 제법 긴 것들도 있었다. 옹정제는 길이에 상관없이 자신이 받은 주접들은 모두 읽어나갔다. 그가 보낸 한 통의 답장을 통해 그의 일처리 방식을 알 수 있다.

"보고가 길기는 하나 변명할 필요는 없다. 유익한 보고라면 아무리 긴 것이라도 나는 피곤한 줄을 모른다."

옹정제의 집무실은 이렇게 주고받은 주접들로 가득 차 있었다고 한다. 옹정제는 이 주접들을 한번 보고 마는 것으로 끝내지 않았다. 제국 운영에 도움이 되는 것들만을 골라 출판하기도 했다. 이것이 유명한 《옹정주비유지雍正硃批諭旨》라는 책인데 무려 112권에 달한다. 하지만 이는 옹정제가 주고받은 수많은 주접 중 극히 일부에 지나지 않는다.

옹정제는 '위군난爲君難'이라는 경구를 무척 좋아했다. 액자로 만들어 거실에 걸어두기도 했고, 인장으로 만들어 쓰기도 했다. 위군난, 군주가 되는 것은 지극히 어렵다는 뜻이다. 옹정제는 그 어려운 군주의 임무를 완수하기 위해 자신이 가장 잘할 수 있는 방법을 택한 뒤 재위 기간 내내 실천해나갔다. 단 하루도 빠짐없이 지방관이 보낸 주접을 읽고 거기에 자신의 의견을 담은 주접을 다시 보내는 일을 지루할 정도로 반복한 덕분에 옹정제 사후 청제국은 최대의 성세를 누릴 수 있었던 것이다.

현대 사례를 몇 개 더 들어보기로 한다. 옹정제처럼 제국을 운영한 것은 아니지만 편지 한 통으로 자신의 삶을 완전히 바꾼 이가 있다. '아침편지'로 이름을 얻은 언론인 고도원이다. 고도원의 삶은 제법 화려했다. 김대중 정권 시절 연설 담당 비서관으로 청와대에 들어가 명예를 얻었다. 그러나 대가 또한 만만치 않았다. 청와대 생활은 긴장과 스트레스의 연속이었다. 연설문에 들어갈 단어 하나에도 신경을 써야 했다. 5년 동안 정식으로 휴가를 간 것은 3일에 불과했다. 처음에는 그것을 행복이라고 생각했지만 고도원의 몸은 그와는 다르게 반응했다. 어느 날 온몸이 돌처럼 굳어지는 것을 느낀 것이다. 안마를 받아도 소용없었고 약을 먹어도 낫지 않았다. 몸이 무너지자 지금까지 이룬 성공이 다 무의미한 것으로 느껴졌다.

최악의 시절 고도원이 떠올린 것이 바로 편지 한 통이었다. 따스한 말 한마디로 다른 이를 위로하는 것, 그와 더불어 자신의 상처 입은 영혼도 치유하는 것, 그것이 바로 고도원이 생각하는 편지의 기능이었다. 이메일로 발송하는 편지의 위력은 컸다. 사소하지만 영혼을 울리는 편지를 받은 사람들은 감동을 느꼈고, 다른 이들에게 이를 추천했다. 독자는 날로 늘어 10만이 100만이 되고, 100만이 200만이 되었다. 그러나 편지로 위로받은 것은 독자들만이 아니었다. 고도원의 몸과 마음 또한 치유되어갔던 것이다. 편지가 만들어낸 아름다운 결실이다.

미국의 순양함 벤폴드호의 함장 마이클 에브라소프 D. Michael Abrashoff는 미국 최악의 함대를 최고의 함대로 바꾸어놓은 인물이다. 그의 비결 또한 바로 편지 쓰기였다. 마이클 에브라소프는 부임과 동시에 부하들의 부모에게 직접 편지를 썼다. 훌륭한 가정교육을 받은 덕분에 부하들이 임무 수행을 잘 하고 있다는 내용이었다. 부모들은 감격했다. 중요한 것은 부모들로부터 이야기를 전해 들은 부하들의 태도도 변했다. 그들은 눈물을 흘리며 함장을 찾아와 과거의 행동을 반성했다. 벤폴드호를 바꾼 것은 고압적인 명령이 아니라 한 통의 편지였다.

> 때마침 우유술을 빚어서 젖빛처럼 하얀 술이 술동이에 뚝뚝 떨어지니, 얼른 오셔서 맛보시는 게 좋겠습니다. 바람 잘 드는 마루를 하마 쓸어놓고 기다리고 있습니다.

허균이 자신의 벗 권필에게 보낸 편지 내용 중 일부다. 허균이라는 사람이 어떤 사람이었는지를 그 어떤 글보다도 잘 보여주고 있다.

웹시대를 지나 앱시대로 접어든 지금도 편지를 쓰고 답장을 보내는 습관은 여전히 추천하고픈 습관이다. 연말이면 고마운 사람들에게 마음을 전하기 위해 손글씨로 연하장을 쓰던 그 마음은 온데간데없이 사라지고, 이제는 웹카드까지 귀찮아 쓰지 않는 사람들이 많다. 그러나 직접 받아본 경험이 있는 이들은 안다. 그 아날로그 감성에서 느껴지는 따뜻함을 쉽사리 잊지 못하고 고마운 마음을 오랫동안 간직하게 된다는 것을.

책을
읽고 또 읽는다

"바쁜 와중에 독서하려고 한다면
목표를 세워서 날마다
규칙적으로 해나가야 한다."
- 신하들의 책 읽기까지 독려한 정조

에이브러햄 링컨이 게티즈버그 묘지 봉헌식에 참가하기로 결정한 것은 봉헌일로부터 불과 2주 전의 일이었다. 사실 링컨은 제대로 된 초대장조차 받지 못했다. 대통령이 참가할 까닭이 없다고 지레 판단한 봉헌위원회 측이 초대장을 보내지 않았기 때문이다. 다른 경로를 통해 봉헌식이 열리는 것을 알게 된 링컨이 오겠다고 하자 당황한 것은 봉헌위원회 측이었다. 당대 최고로 평가받는 연설의 달인 에드워드 에버렛을 이미 섭외해놓은 뒤였기 때문이다. 난처해진 봉헌위원회 측은 링컨의 입장을 고려해, 연설이라기보다는 그저 짧은 말씀 정도를 해주십사 부탁하는 것으로 사태를 마무리지었다.

　　링컨 또한 꽤 유명한 연설의 달인이기는 했다. 하지만 짧은 말씀 정도에 자기 생각을 효과적으로 전달하는 것은 쉽지 않은 일이었다. 게다가 게티즈버그 묘지는 꽤나 산만할 터였다. 링컨은 자기 생각을 효과적으로 표현할 짧은 말씀을 생각해내느라 몇 날 며칠을 고민에 빠져 지내야만 했다.

　마침내 봉헌식이 열리는 날이 다가왔다. 에버렛은 청중의 입장을 고려하는 연사는 아니었다. 두 시간 넘게 계속된 연설에 청중은 지쳐갔다. 그래도 아쉬운 표정을 짓고 내려온 에버렛 다음으로 링컨이 단상에 섰다. 링컨의 발언은 순식간에 끝이 났다. 대부분의 사람들은 그날 링컨이 무슨 이야기를 했는지조차 몰랐다. 현장은 어수선했고 링컨의 목소리는 크지 않았다. 긴 시간을 들여 준비했지만 완전히 실패한 것이다. 하지만 준비는 헛되지 않았다. 링컨의 연설은 사람들의 입에 오르내리기 시작했고 훗날 미국을 대표하는 명연설의 하나로 손꼽히게 되었다. "국민의, 국민에 의한, 국민을 위한 정부"라는 명구를 탄생시킨 바로 그 연설이었다. 하지만 지금 여기서 주목하려는 것은 링컨의 연설 솜씨가 아니다. 그렇게 짧고 효율적인 연설을 할 수 있었던 동인이 무엇인지가 사실은 더욱 중요하다. 그 비결은 바로 끊임없는 '독서'에 있다.

　링컨의 집은 무척이나 가난했다. 그런 환경에서 정규교육은 사치였다. 하지만 링컨은 스스로 지식을 쌓는 방법을 알고 있었다. 그 시작은 의붓어머니가 가져다 준 몇 권의 책에서 비롯되었다. 《성경》, 《로빈슨 크루소》, 《신드바드의 모험》 같이 흔한, 한번 보고 한쪽에 치워놓기 쉬운 책들이었다. 그러나 링컨은 달랐다. 그는 그 책들을 읽고 또 읽었다. 너무 자주 읽은 덕에 아예 외울 정도가 될 지경이었다.

책 읽기에 맛을 들인 링컨은 책을 빌리기 위해 멀리 떨어진 곳까지 찾아가는 일을 마다하지 않았다. 상대가 대가를 요구하면 일을 해주고 책을 빌리기도 했다. 링컨은 책을 읽다 마음에 드는 구절을 발견하면 종이에 그 구절들을 옮겨 적었다. 그는 틈날 때마다 자신이 옮겨 적은 구절들을 읽고 또 읽었다. 그런 식으로 자신이 읽은 것을 완전히 자신의 것으로 만들어나갔다. 그 시절 읽은 책 중에 윌리엄 스콧William Scott의 《웅변술 교습서》라는 것이 있었다. 고대 로마의 연설과 셰익스피어 작품에 나오는 연설 등을 모아놓은 책이었다. 이 연설문들 또한 링컨의 것이 되었음은 물론이다.

그 즈음 링컨은 이웃 사람 소유의 농장에서 일을 돕고 있었다. 그러나 읽는 재미에 빠져 밭일은 완전히 뒷전이었다. 참다못한 아버지가 체벌을 하기도 했지만 책에 대한 링컨의 애정은 막지 못했다. 책과 관련된 일화 중 빼놓을 수 없는 것이 하나 있다. 한겨울에 집에서 멀리 떨어진 곳까지 걸어 다니며 일을 하던 링컨은 강을 건너던 도중 배가 뒤집히는 사고를 당하고 만다. 다리가 꽁꽁 얼어붙어 한동안 움직일 수 없게 되었다. 하지만 그 한 달 동안 링컨은 《일리노이 법전》을 읽으며 행복한 시간을 보냈다. 문자로 된 것은 무엇이든 좋아하던 그의 습관 때문에 가능한 일이었다.

얼마 후 링컨은 뉴 세일럼에서 새로운 생활을 시작한다. 이 시기 링컨의 마음을 차지한 것 역시 책이었다. 잡화상 점원으로 일하던 링컨은 문학 동호회를 조직했다. 이 동호회를 통해 링컨은 사람들과 책에 관해 토론을 했고, 자신의 생각을 말로 표현하는 연설법에 대해서도 배워나갔다. 셰익스피어의 작품을 본격적으로 접한 때도 바로 이 시기였다. 여태껏 단편적으로만 알고 있었던 셰익스피어의 세계는 링컨에게 큰 충격을 주었다. 셰익스피어에 대한 선호는 훗날 대통령이 된 후까지 이어진다. 링컨이 가장 즐겨한 토론 주제가 셰익스피어였으며, 시간이 나면 사람들 앞에서 셰익스피어의 작품을 직접 낭독하기까지 했다.

  친구와 함께 잡화점을 경영했을 때 일어난 일화 또한 링컨의 책에 대한 애정을 잘 보여준다. 링컨이 우연히 발견한 가재도구 상자 밑에는 법률 서적이 모두 네 권 들어 있었다. 링컨은 이 책들에 홀딱 빠져 버렸다. 그러고는 변호사가 되어야겠다고 결심한다. 그러니까 훗날 변호사를 거쳐 미합중국의 대통령이 되는 링컨의 운명이 바뀐 순간 또한 책과 관련이 있었던 것이다.

  링컨은 다른 법률 서적들까지 구해 읽었다. 그러다 자신의 부족한 부분을 알게 된다. 정규교육을 받은 적이 없는 탓에 제대로 된 문법도 몰랐던 것이다. 그러자 이번에는 문법책을 빌려다 읽기 시작한다. 혼자서 공부하기에는 쉽지 않은 책이었지만, 밤낮으로 읽고 또 읽으니 하나도 어려울 것이 없었다. 링컨의 독서 욕구는 계속해서 넓고 깊어진다. 이제 링컨의 손은 당대 최고의 교양서적들로 향한다. 에드워드 기번의 《로마제국 쇠망사》, 토마스 페인의 《이성의 시대 The Age of Reason》 같은 것들이 그 시기 읽었던 대표적인 책들이었다.

변호사가 된 후에도 링컨의 독서욕은 사그라들지 않았다. 그는 집에 돌아오면 책부터 찾았다. 현관 입구에 놓인 의자에 기대고 누워 몇 시간이고 책을 읽었고, 책이 없으면 신문을 읽었다. 책을 읽을 때 큰 소리로 읽는 것은 링컨의 독특한 독서 습관이었다. 소리 내어 읽어야 오래 기억할 수 있다는 생각 때문이었다. 그렇게 머릿속에 집어넣은 구절들을 그는 수시로 암송하기도 했다. 밥을 먹다 말고 갑자기 시를 읊조리기도 했고, 아이들에게 바이런의 시를 읊어주며 웃음을 터뜨리기도 했다.

정규교육도 제대로 받지 못한 링컨을 대통령으로 만든 것은 평생에 걸친 책 읽기 습관이었다. 책 읽기를 통해 링컨은 지식을 얻었고, 사고의 방법을 배웠고, 자신의 생각을 사람들에게 효과적으로 전달하는 방법까지 배웠다. 링컨이 죽자 수많은 인파가 그의 마지막 길을 전송했다. 그들이 든 깃발에는 성경과 셰익스피어의 글에서 인용한 애도의 문구들이 적혀 있었다. 갑작스러운 죽음이었지만 적어도 그것 하나만큼은 책을 그 누구보다 좋아했던 링컨에게 큰 위안이 되었을 것이다.

미국에 링컨이 있었다면 조선에는 정조가 있었다. 책 읽기에 대해 정조가 한 말을 인용해본다.

나는 어려서부터 언제나 반드시 일과를 정해놓고 글을 읽었다. 병이 났을 때를 제외하고는 일과를 채우지 못하면 그만두지 않았고, 임금이 된 뒤에도 폐지하지 않았다. 저녁에 신하들을 만난 후에 깊은 밤까지 촛불을 켜고 책을 읽어 일과를 채우고 나서 잠을 자야만 비로소 편안했다.

물론 정조가 한가하고 시간이 남아돌아서 책을 읽은 것은 아니었다. 임금의 비서라 할 수 있는 승지들은 보통 새벽에 출근해 오후 5시 경에 퇴근을 했다. 승지들의 얼굴에서 피곤함을 읽은 정조는 한숨을 쉬며 이렇게 말했다고 한다.
"그대들도 힘이 들겠지만 나와는 비교도 할 수 없을 것이다."
이런 정조였던 만큼 신하들의 책 읽기에도 관심이 많았다. 신하들이 바빠서 읽을 수 없다는 핑계를 대자, 책 읽기의 대가인 정조는 고개를 저으며 이렇게 말했다.
"이는 독서를 하려고 하지 않는 것이지 못하는 것이 아니다. 공무를 보느라고 여가가 적기야 하겠지만 하루 한 편의 글도 읽지 못하겠는가?"
실천을 중시했던 정조는 아예 "책 읽은 방법까지 제시해준다며 독서

하는 엄한 과정을 세웠다"(《태종실록》 3년 9월)고 전하고 있다. 그 방법은 다음과 같다.

> 바쁜 와중에 독서하려고 한다면 목표를 세워서 날마다 규칙적으로 해나가야 한다. 이렇게 하면 일 년이면 몇 질帙의 경적經籍을 읽을 수 있을 것이다.

책 읽기의 소중함을 모르는 사람은 없다. 그러나 책 읽기를 습관으로 만들지 못하는 이가 대다수이다. 이들의 하소연 1순위는 바로 '시간이 없다'이다. 물론 출퇴근길 지하철 안에서도 충분히 짜투리 시간을 활용할 수 있다는 것은 자기계발서들을 통해 익히 알고 있다. 그러나 그 지침을 실천해보려 책을 꺼내들어도, 곧 스마트폰을 만지작거리거나 오는 졸음을 막지 못한다. 그렇다면 링컨과 정조가 한가한 사람들이었을까. 그들이야말로 일분일초가 소중했지만 결코 책 읽기를 소홀히 하지 않았다. 아니 한순간도 책에서 손을 떼지 않았다. 책 읽기를 자신의 습관으로 만드는 힘은, 바로 그들처럼 책을 통해 무언가 얻고자 하는 마음이 얼마나 절실한가에 달려 있다.

나날이, 꾸준히 앞으로 나아간다

에밀 졸라의 글쓰기는 소설가의 작업이 아니라 과학자의 작업이라 할 만큼 치밀했다.

- 소설가의 자질이 부족했던 에밀 졸라의 노력

　말콤 글래드웰은 《아웃라이어》라는 저서를 통해 '1만 시간의 법칙'을 세상에 널리 알렸다. 어느 분야에서든 세계 수준의 전문가가 되려면 1만 시간의 연습이 필요하다는 법칙이다. 사실 이 법칙을 발견한 사람은 신경과학자인 다니엘 레비틴(Daniel Levitin)이다. 어떤 전문적인 분야에서 탁월한 능력을 발휘하려면 그만큼 많은 연습이 필요하고, 최고 중에서 최고가 되려면 그냥 열심히 하는 게 아니라, 훨씬 더 열심히 해야 한다는 점을 우리에게 알려주는 법칙이다.

　그러나 1만 시간의 법칙이라는 이름이 붙기 전에도 그 원칙을 자신의 삶의 습관으로 활용한 이는 무척 많다. 그중 대표적인 이가 바로 도산 안창호다. 안창호는 '나날이 꾸준히 앞으로 나아가는 것'을 삶의 목표로 삼고 평생을 살아갔다. 안창호의 진면목을 핵심적으로 드러내는 용어는 바로 '점진'이다.

　점진의 원칙이 처음 드러난 것은 뜻밖에도 그의 결혼 상대와 관련이 있다. 신학문을 배우며 역사 앞에서 자신이 해야 할 일을 모색해나가던 열여덟 살 소년 안창호에게 생각지도 못한 사태가 벌어진다. 할아버지가 일방적으로 혼처를 마련해놓은 뒤에 결혼을 강요한 것이다. 안창호는 스무 살 이전에는 결혼하지 않기로 마음을 굳힌 상태였다. 더군다나 자신과 어울리는 짝은 신학문을 익힌 신여성이어야 한다고 구체적으로 생각까지 해놓은 상태였다. 하지만 할아버지가 정해놓은 상대인 이혜련은 열세 살의 시골 소녀였다. 고민하던 안창호는 절묘한 타개책을 내놓는다. 이혜련을 결혼 상대로 받아들이되, 그녀에게 신교육을 시키기로 결심한 것이다. 쉽지 않은 결정이었다. 이혜련이 자신의 사상을 이해하려면 상당한 시간이 걸릴 터였다. 그럼에도 안창호는 자신의 고집대로 일을 해결하는 것이 아니라 주위 사람들을 만족시키면서도 자신의 뜻을 반영한 해결책, 그리고 가장 많은 시간을 필요로 하는 해결책을 택한 것이다. 안창호는 이혜련과 함께 서울로 올라와 그녀를 정신여학교에 입학시켰다.

　독립협회와 만민공동회 활동에 적극적으로 가담했던 안창호는 두 운동이 실패로 돌아가자 홀로 숙고의 시간을 보낸다. 수구파들이 장악하고 있는 조선에서 가장 효율적인 운동 방식이 무엇인지를 고민하고 또 고민하던 그가 찾아낸 해법은 바로 교육이었다. 허물어진 나라를 한순간에 바꾸는 것은 불가능했다. 힘들어도 한 발, 한 발 앞으로 전진해나가는 것만이 나라를 구할 수 있는 유일한 방법이라 믿었다. 그는 고향인 평양 강서군에 학교를 세우고 점진학교라는 이름을 붙였다. 꾸준히 쉬지 말고 전진하자는 의지가 담겨 있는 교명이었다. 또한 그는 점진학교 주변의 땅을 구입해 농토로 만들어나갔다. 농민들에게 직접적인 도움을 주려면 결국은 땅을 나눠주는 방법밖에 없다는 결론을 내리고 시작한 사업이었다. 그가 모든 면에서 얼마나 장기적인 안목을 가지고 일을 진행해나갔는지 알 수 있는 대목이다.

하지만 의욕에 찬 시도였음에도 안창호가 벌인 일들은 곧 벽에 부딪히고 말았다. 운영자금이 부족해 학교 운영과 간척 사업을 중단할 수밖에 없는 형편에 몰린 것이다. 점진의 원칙대로 일을 해나가려 했지만 현실의 장벽이 그를 막아섰다. 안창호는 또다시 고민의 시간을 보낸다. 그러고는 완전히 새로운 방향에서 시작해보기로 결심한다. 그가 택한 길은 바로 미국 유학이었다. 당대 최고의 문명국인 미국에서 그들의 삶을 직접 보고 익히는 길을 택한 것이다. 그는 평양 주재 선교사들의 도움으로 인천을 떠나 고베를 거쳐 최종 목적지인 샌프란시스코에 도착했다.

어렵게 도착한 미국이었지만 그는 공부에 전념하지 못했다. 미국에서 살고 있는 조선인들의 삶이 그의 기대와는 달랐던 탓이었다. 조선인들은 먹고사느라 바빴다. 동포들끼리 등쳐먹기가 일쑤였고, 거친 행동과 말투 탓에 미국인들 사이에 혐오의 대상이 되어 있었다. 안창호는 고민 끝에 동포들의 생활을 개선하기 위한 사업에 먼저 뛰어들기로 했다. 공부는 3년 정도 미루기로 결심한 것이다. 그보다 늦게 미국에 온 이승만이 곧장 학업에 뛰어들어 박사 학위까지 받은 것과는 사뭇 대조적인 행보이다. 안창호는 한인 교회를 설립했다. 동포들의 집을 방문해 청소를 돕고 그들을 설득해 거리를 청소하는 일에 나섰다. 일자리를 구하지 못한 이들을 위해서는 적극적으로 나서서 일자리를 알아봐주었다. 또한 가게들마다 영업 지역을 정해주어 서로 간의 다툼이 벌어질 여지를 없애나갔다. 이러한 일련의 활동 덕분에 안창호는 차츰 인심을 얻게 되었고, 사람들은 그를 도산 선생으로 부르기 시작했다. 자신의 공부를 유보하고, 동포들의 어려움을 먼저 돌보고 나선 행동이 보답을 받는 순간이었다. 자신의 활동이 성과를 거두자 안창호는 아예 공부를 접고 동포들을 위한 활동에만 전념한다. 자신 하나보다 동포들의 생각을 바꾸는 것이 긴 안목으로 볼 때는 조국에 더 큰 도움이 될 것이라 믿었던 까닭이다.

  을사조약이 체결된 후 안창호는 잠시 조국으로 돌아온다. 하지만 국내의 여건은 이미 나빠질 대로 나빠져 있었다. 신채호, 양기탁 등과 신민회를 조직하고 평양에 대성학교를 설립해 운영하는 등 활발히 활동하지만 망국의 흐름을 막을 수는 없었다. 결국 그는 시베리아를 거쳐 미국에 망명하는 길을 택하게 된다. 미국 망명 후 그가 택한 것은 흥사단의 창립이었다. 창립의 변 또한 지극히 그다웠다.

  "조선이 독립하려면 무실역행하는 청년들이 많아야 하는데, 이 또한 지속적인 인격 훈련을 통해 가능하니, 이를 목적으로 한 단체의 조직이 필요하다."

　무장 독립 투쟁이 대세였던 시기에 그만의 원칙인 '점진'을 특징으로 하는 단체를 설립하고 나선 것이다. 안창호가 보기에 독립은 이제 단기전이 아니라 장기전이었다. 그것은 비단 독립뿐만이 아니라 그 이후까지 염두에 둔 포석이기도 했다. 독립이 되었다고 해도 나라를 위해 일할 사람이 없다면 하등 소용이 없다는 것이 그의 생각이었다. 그는 새로 독립될 나라를 이끌어갈 만한 능력과 품성을 지닌 젊은이들을 육성해나가고자 했다. 그것이 바로 흥사단의 창립 목적이었다. 젊은이들에게 전문적인 교육을 시켜 군사, 외교, 경제 전문가로 만든 뒤, 그들이 전면전을 통해 나라를 되찾고 나라의 근간으로 일하는 그림까지 미리 생각했으니 참으로 긴 안목을 지닌 계획이었다.

　3.1운동 후 안창호는 임시정부에서 활동하기도 한다. 하지만 내부 분열로 인해 큰 성과를 거두지는 못했다. 그런데 그 이후 안창호의 행보에서 또 한 가지 특이한 이력을 찾아볼 수 있다. 중국에 독립 운동을 위한 일종의 기지를 만들고자 한 것이다. 미국의 동포들에게서 출자금을 받아 그 돈으로 땅을 구입한 뒤 농사를 지으며 어느 정도 생활이 안정되면, 신교육과 군사 훈련을 시켜 독립운동에 헌신하게 한다는 계획이었다. 점진의 원칙을 중요시하는 안창호만이 세울 수 있는 계획이기도 했으나, 그 계획을 실현하기에는 당시의 정치적 상황이 너무도 불

안정했던 까닭에 그의 원대한 계획은 결국 수포로 돌아가고 말았다.

  안창호의 활동이 큰 성과를 거두었다고 말하기는 쉽지 않다. 점진을 중시하는 그의 방법론은 격변했던 당대 현실 속에서 큰 빛을 발하지는 못했다. 하지만 그렇다고 그의 원칙을 폄하할 수는 없다. 그는 자신만의 분명한 비전을 갖고 있었고, 그에 맞는 방법론을 수립했으며, 그 방법론을 바탕으로 이상을 현실로 만들기 위해 끊임없이 분투했다. 지금 당장을 중요시하는 현대 한국 사회에서 그의 점진적인 방법론은 오히려 꼭 필요한 사상처럼 느껴지기까지 한다. 가시적인 성과가 단번에 보이지 않으면 곧 조급해지고, 결국 일을 그르치는 우리는 안창호의 단 하나의 습관을 꼭 되새겨봐야 한다.

  조선에 안창호가 있다면 서양에는 누가 있을까? 바로 에밀 졸라가 있다. 자연주의 문학의 대가인 에밀 졸라가 소설가의 꿈을 이루게 된 데에는 안창호 못지않은 점진과 끈기가 큰 역할을 했다. 어릴 때부터 소설가의 꿈을 가졌던 에밀 졸라였지만 당장 소설가가 되기에는 그의 실력이 너무 부족했다. 당장 먹고살 일이 걱정되었던 에밀 졸라는 출판사에서 일하며 생계를 해결했다. 바쁜 일과였지만 그는 소설가의 꿈을 포기하지 않았다. 밤늦게 집에 돌아온 그는 촛불을 켜놓고 몇 시간씩 글을 썼다. 훗날 그는 낮에도 블라인드를 내리지 않으면 글을 쓸 수 없다고 고백했다. 밤에 글 쓰는 오랜 버릇이 몸에 익은 탓이다.

하루도 쉬지 않고 착실히 글을 써나갔지만 소설가의 길은 결코 쉽지 않았다. 공들여 쓴 소설들을 여러 출판사에 투고해보아도 결과는 늘 좋지 않았다. 출판할 수 없다는 거절뿐이었다. 그러나 에밀 졸라는 결코 포기하지 않았다. 그는 쉬지 않고 소설을 썼고 수많은 거절에도 좌절하지 않고 투고를 거듭했다.

그러던 어느 날 출판사에서 연락이 왔다. 하지만 소설을 출판하겠다는 것이 아니라 그에게 다른 일감을 맡기겠다는 내용이었다. 그의 정성은 받아들여졌으나 소설은 받아들여지지 않은 것이다. 상황이 개선될 기미가 보이지 않자 에밀 졸라는 자신의 소설 창작 방법에 대해 전면적으로 재고하게 된다. 그 과정에서 탄생한 것이 이른바 자연주의 소설의 창작법이다.

소설의 아이디어가 떠오르면 에밀 졸라는 세 가지 연구를 먼저 시작했다. 첫 번째는 스케치다. 소설의 주요 사상을 먼저 결정하는 작업이다. 그 작업이 끝나면 사건들을 논리적으로 연결시키는 작업을 한다. 마지막 과정은 등장인물에 대한 연구 작업이다. 그는 등장인물의 부모의 삶을 연구하고 그 부모가 살았던 환경을 연구했다. 등장인물 주변 환경, 즉 학교, 교우관계, 사회생활, 심지어는 유전적인 속성까지 연구했다. 그뿐만이 아니다. 등장인물이 사는 곳의 언어 습관은 물론 예절, 관습까지도 세세하게 연구했다. 그는 이러한 작업들을 모두 마친 후에야 비로소 소설 작업을 시작했다. 소설가의 작업이 아니라 과학자의 작업과 같은 스타일을 소설 쓰기에 도입한 것이다.

새로운 소설 작법은 사람들의 흥미를 불러일으켰다. 물론 그 흥미 또한 단번에 커진 것은 아니었다. 처음에는 아무런 반응이 없다가 점차 반응이 커져 마침내 그를 한 사람의 뛰어난 소설가로 인정하기에 이른 것이다. 독자들의 반응이 그가 소설가가 되기까지의 과정과 닮아 있다는 것이 재미있다.

안창호와 에밀 졸라는 재능 있는 사람이었다. 하지만 재능만 믿었다면 그들의 삶을 우리가 기억하는 일은 없었을 것이다. 그들은 재능이 아닌, 점진적으로 나아가는 삶의 아름다움을 믿었고 그 결과 대가의 반열에 올랐다.

지금은 세계적인 전자회사가 된 소니는 1950년대만 하더라도 이름 없는 기업에 불과했다. 일본 최초로 트랜지스터 라디오를 상용화한 것은 소니의 발전에 큰 힘이 되었다. 본격적인 미국 수출을 위해 미국을 방문한 소니의 모리타 마키오盛田昭夫사장은 뜻밖의 제안을 받는다. 제품의 성능이 뛰어나니 OEM으로 납품해달라는 것이었다. 상대는 그 당시만 해도 최고의 기술력을 자랑하던 미국 기업 '리전시'였다. 모리타 사장은 당장의 이익과 미래 가치를 놓고 고민했다. 그러고는 더디더라도 자신들의 브랜드로 시장을 공략해가기로 결정했다.

지금 우리는 소니의 결정이 옳았음을 알고 있다. 자신의 브랜드를 유지하며 조금씩 세계 시장을 공략해가던 소니는 오늘날 세계적인 대기업이 되었다. 반면 리전시를 기억하는 이는 아무도 없다. 소니가 자신의 가치를 알았음에도 일확천금을 노리는 대신 한발 한발 전진한 덕분이다.

물론 눈앞의 이익에 마음을 뺏기지 않기란 그렇게 쉬운 것은 아니다. 놓쳐서는 안 되는 기회일지도 모르는데 후일을 기약하는 것은 참 어려운 일이다. 그러나 확고한 자기 확신을 가지고 천천히 나아가는 습관을 기른다면 그렇게 불가능한 것도 아닐 것이다.

어린아이처럼
자유롭게 사고한다

"물리학자들이란 인간 피터팬이다.
그들은 결코 어른이 되지 않으며
언제나 호기심을 갖고 있다."
- 물리학자 라비

　《삼국지》 '위서魏書'에는 오나라의 손권이 조조에게 코끼리를 선물로 보낸 장면이 등장한다. 조조는 코끼리의 무게를 알고 싶어 했다. 참모들이 나섰고, 여러 가지 의견이 나왔다. 저울로 재자는 의견, 코끼리를 죽여 토막을 낸 뒤 몸무게를 재자는 의견 등 다양했다. 조조의 얼굴에 불만이 가득한 순간 그의 아들 조충이 나섰다. 그의 말에 조조의 얼굴이 단박에 밝아졌다. 조충의 의견은 다음과 같았다.

　"코끼리를 배에 태운 뒤 배가 얼마만큼 물에 잠겼는지를 표시합니다. 코끼리를 내린 뒤 코끼리를 실었을 때와 똑같은 정도로 배가 물에 잠길 때까지 돌을 싣습니다. 이제 그 돌의 무게를 재면 코끼리의 무게를 알 수 있습니다."

　놀라운 것은 이때 조충의 나이가 다섯 살밖에 되지 않았다는 사실이다. 그럼에도 그의 생각은 어른들의 것보다 훨씬 뛰어났다. 어린아이처럼 자유롭게 사고하는 것의 위력을 알 수 있는 장면이다. 그러나 이러한 습관이 가장 빛을 발한 것은 서양의 한 과학자를 통해서였다.

1905년은 길고 긴 물리학 역사에서 가장 별처럼 빛나는 시기이다. 26세의 평범한 특허국 직원 알베르트 아인슈타인은 이 한 해에만 네 편의 논문을 발표했다. 그 네 편으로 물리학이라는 학문의 성격은 완전히 바뀌었다. 모든 물리학자들이 신처럼 떠받들던 뉴턴의 고전적 물리학 법칙은 이제 그 신적인 지위를 상실한 것이다. 그 자리를 차지한 것은 상대성 이론으로 시간과 공간의 개념을 완전히 바꾸어버린 아인슈타인이었다. 아인슈타인의 삶은 완전히 달라졌다. 10년 전 조교 자리조차 얻지 못했던 취리히대학에서는 정교수 자리를 제안했고, 7년이 지난 1912년 무렵에는 노벨상 수상 후보로 거론되었다. 물론 그가 노벨상을 받은 것은 1921년이었지만 말이다.

이렇듯 아인슈타인 하면 가장 먼저 떠오르는 것이 타고난 천재의 이미지이다. 하지만 그는 일반적인 천재와는 조금 달랐다. 아인슈타인은 또래에 비해 말을 늦게 텄으며 말주변도 부족했다. 자신이 관심 있는 분야에 대해서는 끊임없이 파고들었지만 그렇지 않은 분야에 있어서는 백치나 다름없었다. 그런 아인슈타인이 어떻게 해서 물리학의 역사를 바꾸어놓는 사람으로 성장하게 되었을까. 그 비밀은 물리학자 라비 I. I. Rabi의 말에 드러나 있다.

물리학자들이란 인간 피터팬이다. 그들은 결코 어른이 되지 않으며
언제나 호기심을 갖고 있다.

라비의 말에 가장 부합하는 사람이 바로 아인슈타인이었다. 아인슈타인의 성공 비결은 어린아이처럼 자유롭게 사고하는 습관을 평생 버리지 않은 데에 있었다.

어린아이처럼 생각이 자유로웠던 아인슈타인은 학교 교육에 쉽사리 적응하지 못했다. 자신이 싫어하는 것은 절대로 하지 않을 뿐만 아니라, 자기가 잘 아는 분야에 대해서는 교사의 견해까지 대놓고 반박하기 일쑤였다. 그런 그를 구제한 것은 아라우에 위치한 진보적인 주립학교였다. 페스탈로치의 영향을 받아 세워진 이 학교를 아인슈타인은 무척 마음에 들어 했다. 이 학교에 입학하면서 비로소 자신이 원하는 온갖 실험을 아무런 제약 없이 마음껏 할 수 있게 되었다. 훗날 아인슈타인이 이 학교 시절에 대해 언급한 것만 보아도 이때의 교육이 그의 자유로운 상상을 발현하는 데 얼마나 중요한 역할을 했는지 알 수 있다.

"그 학교에는 자유로운 정신이 가득했고, 권위적인 교사는 찾아볼 수가 없었다."

취리히공과대학에 입학한 아인슈타인은 자신만의 방식, 즉 어린아이가 궁금한 것을 찾아다니며 원하는 지식을 얻는 방식대로 공부를 해나갔다. 그는 공학 전공이면 누구나 들어야 하는 진부한 물리학 강

의에는 전혀 관심을 보이지 않았다. 그런 수업을 듣는 대신 자신이 호기심을 느끼는 맥스웰과 로렌츠의 저서를 혼자서 읽어나가기 시작했다. 그리고 맥스웰 이론을 다룬 아우구스트 푀플August Föppl의 논문도 철저하게 탐구해나갔다. 아우구스트 푀플은 학계에도 이름이 제대로 알려지지 않은 무명의 물리학 교사였다. 하지만 아인슈타인에게 그것은 아무런 문제도 되지 않았다. 자신의 궁금증을 해결해준다면 그 사람이 권위자인지 아닌지는 전혀 상관이 없었다. 훗날 발표한 상대성 이론에서 푀플의 흔적을 발견할 수 있다. 아인슈타인이 얼마나 열심히 푀플을 탐독했는지 알 수 있는 대목이다.

아인슈타인은 친구들을 사귀는 데 있어서도 어린아이 같은 열성을 보였다. 대학을 졸업한 아인슈타인은 친구들과 책을 읽는 모임을 만들었다. 그는 열정적으로 토론했을 뿐만 아니라 친구들과 함께 수영하고 도보 여행을 떠나고 웃고 떠드는 것을 좋아했다. 아인슈타인의 교우 관계의 특징은 여타 천재들에게서 발견되는 질투와 긴장이 전혀 없다는 점이다. 특허국에서 함께 근무한 미켈란젤로 베소Michelangelo Besso와의 우정이 그 좋은 예이다. 베소와 이야기나누는 걸 좋아했던 아인슈타인은 그와의 교우 관계를 죽을 때까지 이어갔다. 또한 상대성 이론으로 이름을 얻은 후 베소와 나눈 대화 덕분에 독창적인 생각을 발전시켜나갈 수 있었다고 솔직하게 말하기도 했다. 이 또한 어린아이 같은 천진함이 아니면 쉽사리 하기 힘든 발언이다.

어린아이들이 그렇듯 아인슈타인 또한 때로는 감성적인 것에서 크나큰 도움을 받았다. 아인슈타인은 연구가 생각대로 풀리지 않으면 방에 틀어박혀 바이올린이나 피아노를 연주했다. 아인슈타인은 피아노를 자신의 오랜 친구라고 불렀다. 그러면서 상대성 이론의 발전에 큰 도움을 주는 것은 음악적 직관이었다고 고백하기도 했다. 여섯 살 때부터 배워온 악기 연주가 전혀 범주가 다른 물리학 이론의 발전에 영향을 미친 것이다.

아인슈타인은 어린아이처럼 하나의 문제를 깊이 탐구하고, 그것을 여러 가지로 변용하고 자유롭게 상상해나갔다. 이러한 사고 습관은 이전과는 완전히 다른 새로운 이론 체계를 발전시키는 데 최적의 도구가 되어주었다. 그런 아인슈타인이 보기에 자기를 세기의 천재로 간주하는 사람들의 호들갑은 조금 이해가 되지 않는 것이었다. 상대성 이론의 요지를 설명해달라는 사람들에게 아인슈타인이 한 답변은 그의 사고방식을 다시 한 번 보여준다.

"제 대답을 너무 심각하게 받아들이지 마시고 그저 농담처럼 여겨주세요. 상대성 이론을 간단하게 설명하면 이렇습니다. 물질이 사라지면 시간과 공간도 함께 사라진다는 것입니다."

이런 아인슈타인이었던 만큼 그에게는 인생의 비합리적인 면들을 있는 그대로 받아들일 수 있는 여유가 있었다. 보통의 과학자라면 자신이 만든 법칙의 철두철미함을 주장하기 마련이다. 그러나 아인슈타인은 심지어 이렇게까지 말을 하곤 했다.

"우리는 자연이 우리 내부에 심어놓은 비합리성과 비일관성을 간과하는 경향이 있습니다. 우리의 정신이 시련을 겪을 때면 이런 요소는 더욱 불거진답니다."

대학교수 시절 아인슈타인의 모습은 늘 눈에 띄었다. 아무렇게나 자라게 내버려둔 듯한 머리, 손질이 잘 안 된 콧수염, 허름한 옷차림, 그리고 천진난만한 웃음은 아인슈타인만의 트레이드마크였다. 길을 걷다가 아이나 동물을 마주치면 함께 놀기 일쑤였고, 사진을 찍으려는 기자들 앞에서는 괴상한 포즈를 취해 보였다. 아인슈타인에게 있어 물리학이란 어린아이처럼 자유롭게 상상할 수 있는 신나는 놀이터나 다름없었다. 그런 아인슈타인이었기에 수백 년 동안 이어져 내려온 뉴턴의 물리학 법칙을 타파하는 기수의 역할을 담당할 수 있었던 것이다.

어린아이처럼 자유롭게 사고하는 습관은 동양에서도 혁신적인 사상의 발전으로 이어졌다. 그 대표적인 인물이 명나라의 사상가 이탁오이다. 이탁오는 그의 대표적인 글인 '동심설童心說'에서 동심이란 바로 진심을 말한다고 주장했다.

> 동심童心이란 진심眞心이다. 만약 동심을 불가한 것이라고 한다면, 이는 진심을 불가한 것이라고 하는 것이 된다. …… 만약 동심을 잃어

버리면 곧 진심을 잃어버리는 것이고, 진심을 잃어버리면 곧 참된 사람(眞人)을 잃어버리는 것과 같다.

이탁오는 세상이 추악해지는 이유를 동심의 상실에서 찾았다. 이탁오에게 있어 동심은 자신을 바꿀 수 있는 단순한 습관이 아니라 혼탁한 세상을 개혁할 수 있는 사상적인 출발점이었던 것이다. 이러한 이탁오의 사상을 적극적으로 받아들인 이가 바로 조선의 책벌레 이덕무이다.

이덕무는 자신이 젊은 시절에 지었던 시문집의 이름을 '영처시고嬰處詩稿'라 지었는데 '영처'는 어린아이 '영'에 처녀 '처'를 더해 만든 말로 그가 즐겨 쓰던 호다. 어린아이의 재롱 같고 부끄러운 처녀의 글에 지나지 않는다고 겸손을 떨었지만, 실은 어린아이와 처녀의 순수한 마음과 사고방식을 따르겠다는 굳건한 의지의 표현이었다.

"어린아이처럼 되지 못하면 결코 천국에 들어가지 못하리라"는 《성경》 구절까지 들먹일 필요는 없으리라. 그러나 어린아이처럼 사고하는 습관이 단순히 삶을 개선하는 것을 넘어서 일생 전체를 바꾸고 발전시킬 수 있음을 보여준다는 사실 하나만은 기억하고 넘어가는 것이 좋겠다. 어린아이처럼 사고하는 습관을 통해 천국에 들어갈 수 있는지는 확실히 말할 수 없다. 그러나 분명한 것이 있다. 그 습관을 통해 당신은 분명 아인슈타인, 혹은 이탁오가 될 수 있다.

완벽하게
자신의 일을
장악한다

"나는 카메라가 돌아가기 전에
사건과 상황들을 이루는 모든 작은 조각들을
질서 있게 제자리에 끼워놓습니다.
촬영을 시작하기도 전에 600개의 카메라 배치도를
미리 마련해놓는다는 말입니다."

– 영화감독 히치콕

　　안철수 서울대 융합과학기술대학원장은 꼼꼼한 것으로 치면 대한민국에서 다섯 손가락 안에 꼽힐 사람이다. 그가 바둑을 배울 때의 일이다. 보통 사람 같으면 아는 이에게 바둑을 배우거나 고수를 찾아가 지도를 받았을 텐데, 안철수 교수는 달랐다. 그는 먼저 바둑 이론서를 샀다. 그러고는 그것을 처음부터 끝까지 독파했다. 한 권을 다 읽으면 다른 책을 샀다. 그렇게 산 책이 50권에 이르렀다. 그는 바둑의 이론을 완벽하게 장악한 뒤에야 비로소 바둑돌을 잡았다.

　그렇다면 그의 바둑 실력은 어떨까? 바둑에 입문한 지 1년 만에 아마추어 2단의 실력을 지니게 되었다고 한다. 그의 전문 분야라 할 수 있는 컴퓨터 또한 같은 방법으로 배웠다. 그는 이론 공부를 완벽하게 마친 뒤에야 컴퓨터를 샀다. 여기서 등장하는 것이 바로 '안철수식 공부법'이다. 바이러스 백신 공부에 한창이던 그는 어느 날 잡지사에 전화를 걸어 백신 분야의 최신 기술에 대한 칼럼을 쓰겠다고 했다. 그가 전화한 이유는 단 하나였다. 자신에게 강제적으로 공부할 동기를 부여하기 위함이었다. 자신의 일을 완벽하게 장악하기 위해 그가 얼마나 많은 노력을 기울였는지를 알 수 있는 대목이다.

완벽하게 자신의 일을 장악해야 직성이 풀리는 인물 두 명을 더 소개하고자 한다. 히치콕과 스트라빈스키가 바로 그들이다.

자신의 영화 속에 반드시 모습을 드러내는 것으로도 유명한 앨프레드 히치콕은 영화사에 족적을 남길 만한 위대한 작품을 수없이 많이 만들었다. 미스터리 연출의 대가인 만큼 그의 촬영장 또한 긴장감으로 가득할 것이라고 예상하기 쉽다. 하지만 실제 촬영장의 모습은 그와는 정반대였다. 다른 감독들 같으면 현장에서 일어나는 일을 하나하나 체크하느라 바쁘겠지만, 히치콕은 그저 의자에 깊숙이 몸을 붙이고 앉아 배우들을 바라보거나 그도 아니면 졸고 있을 뿐이었다.

어찌된 것일까? 그렇다면 그의 명작들은 그저 우연의 산물일까? 물론 그럴 리는 없다. 히치콕이 촬영장에서 그토록 여유를 부린 까닭은 실제로 촬영장에서 할 일이 별로 없었기 때문이다. 그것은 바로 촬영장에 들어서기 전까지 히치콕이 모든 것을 완벽하게 준비한 덕분이다.

히치콕은 한 편의 영화에 대한 아이디어가 떠오르면 그 아이디어를 자신의 머릿속에서 구체화하는 시간을 가진다. 다른 감독들이 그저 대략적인 이미지만 그려보고 작업하는 것과는 달리, 히치콕은 완벽하게 구체화되기 전까지는 그 어떤 일도 벌이지 않는다. 당연히 시간도 오래 걸린다. 머릿속에서 완벽하게 구체화되면 그제야 각본 작업에 들어간다. 각본 작업은 어렵지 않다. 이미 머릿속에 완벽한 그림이 그려져 있기 때문이다. 각본 작업이 끝나면 히치콕은 시나리오 작업에 들어가는데, 이 시나리오 또한 다른 이들의 것과는 사뭇 다르다. 카메라의 위치, 배우들의 동선, 조명의 밝기 등까지 현장에서 발생할 수 있는 모든 상황이 세세하게 기록되어 있는 시나리오다. 현장에 나간 후 분위기에 따라 시나리오를 바꿔가는 감독들과는 완전하게 다른 방식이다. 이 방식에 히치콕이 얼마나 심혈을 기울였는지는 그가 남긴 인터뷰를 통해 확인할 수 있다.

나는 카메라가 돌아가기 전에 사건과 상황들을 이루는 모든 작은 조각들을 질서 있게 제자리에 끼워놓습니다. 촬영을 시작하기도 전에 600개의 카메라 배치도를 미리 마련해놓는다는 말입니다. 스토리들은 완벽하게 짜여 있기 때문에 그중의 하나라도 바꾸면 전체를 다 바꿔야 합니다. 그러므로 촬영장에서 낭비되는 필름은 있을 수가 없습니다.

이렇듯 사소하게 보이는 세부적인 일 하나하나까지도 짚어가며 모든 것을 장악하려 애쓰는 습관 덕분에 히치콕은 완벽하다고 평가받는 미스터리 영화들을 만들어 낼 수 있었다. 또한 그 습관 덕분에 현장에서는 그저 자신이 짜놓은 대로 일이 진행되는지를 확인하기만 해도 되는 수준에 이를 수 있었던 것이다.

히치콕 못지않게 자신의 일 하나하나를 완벽하게 장악하고 점검하는 습관을 지닌 이가 바로 스트라빈스키였다. 일반적으로 음악가 하면 가장 먼저 떠오르는 이미지는 낭만적이며 극적인 예술가의 이미지다. 베토벤은 청각 상실의 악조건을 이겨내고 합창 교향곡을 만들었으며, 모차르트는 장송곡인 레퀴엠을 작곡하다 세상을 떠났다. 슈베르트는 매독으로 사망했으며, 브람스는 스승 슈만의 아내 클라라를 평생 사랑했다. 스트라빈스키 또한 대표작 〈봄의 제전〉이 몰고 온 숱한 화제를 생각하면 드라마틱하며 격정적인 삶을 살았으리라 생각하기 쉽다. 물론 스트라빈스키도 음악가로서의 명성에 우쭐하기도 했으며, 매력적인 여인을 만나 가정을 파탄내기도 했다. 하지만 이런 부분은 스트라빈스키의 삶에 있어서는 오히려 예외적인 부분이었다. 본질적으로 스트라빈스키는 예술가라기보다 철저하게 자기 관리를 하는 습관을 지닌 냉철한 현실주의자에 더욱 가까웠다. 그의 인생을 송두리째 바꾸어 놓은 〈봄의 제전〉 공연 전후에 있었던 일련의 일들이 현실주의자로서의 면모를 가장 잘 보여준다.

〈봄의 제전〉을 완성한 그가 제일 먼저 한 일은 자신의 재산을 투자하는 문제를 논하기 위해 세 시간이나 들여 편지를 쓰는 것이었다. 방금 창작을 마친 예술가가 할 일이라고 상상하기 힘든 종류의 일이었다. 시간이 흘러 공연 전날 밤이 되었다. 스트라빈스키는 잡지사 기자와 인터뷰를 했다. 인터뷰는 별 문제 없이 끝났다. 그는 자신이 〈봄의 제전〉을 작곡한 의도를 밝히고 안무를 담당한 니진스키 Vaslav Nijinsky와 각본을 쓴 로에리히 Nicholas Roerich에게 감사를 표했다.

공연은 20세기 음악 사상 가장 큰 화제를 양산했다. 여태껏 접해보지 못한 음악은 관람객들을 동요하게 했다. 야유와 휘파람이 극장을 가득 채웠고, 일부 관람객은 공연이 끝나기도 전에 자리를 떠났다. 대부분의 평론가들 또한 최악의 작품이라며 고개를 저었다. 단지 작곡가 라벨만 이전과는 전혀 다른 새로운 차원의 작품이라며 〈봄의 제전〉을 높이 평가했다. 그러나 최후의 승자는 스트라빈스키였다. 얼마 지나지 않아 〈봄의 제전〉은 걸작으로 인정받게 되었고, 스트라빈스키는 천재 음악가로 칭송을 받았다.

하지만 스트라빈스키는 자신을 둘러싼 소동에 조금도 동요하지 않았다. 논쟁이 벌어지는 동안 그의 관심은 전혀 다른 곳에 있었다. 자신의 인터뷰 내용을 실은 잡지에 대해 불만을 토로한 것이다. 스트라빈스키는 기자가 자신의 발언 내용을 왜곡했다고 주장했다. 그는 작품의 주제와 관련된 부분이 특히 그렇다고 주장하며, 기자가 쓴 글의 문법적인 오류까지 세심하게 고쳐 보냈다.

음악가로서는 다소 기이하게까지 느껴지는 이러한 행동은 그가 한때 법학을 공부했다는 점에서 실마리를 찾을 수 있다. 스트라빈스키의 아버지는 유명한 베이스 가수였지만 법학을 전공했으며, 아버지와 자주 어울렸던 지인들 중에도 법과 관련된 일에 종사하는 사람이 많았다. 또한 스트라빈스키에게 〈불새〉와 〈봄의 제전〉의 작곡을 맡겼던 디아길레프 Sergei Diaghilev 또한 법률가 출신이었다. 스트라빈스키는 이러한 환경에 알게 모르게 많은 영향을 받았고, 자기 주변에서 벌어지는 일을 하나하나 세부적으로 꼼꼼하게 점검하는 습관을 몸에 익히게 되었다.

법학을 공부한 음악가답게 그의 작곡법 또한 다른 작곡가들의 것과는 사뭇 달랐다. 일반적으로 위대한 작품은 영감의 산물이라고 말하지만 스트라빈스키의 경우 작곡은 규칙적인 일과에서 얻어지는 산물이었다. 그는 하루에 열 시간 이상 일하는 것을 원칙으로 삼았다. 오전에는 피아노를 연주했으며, 오후에는 본격적인 작곡 작업을 했다. 이러한 원칙에 대해 그는 훗날 이렇게 말하기도 했다.

"나는 작곡가라는 운명을 타고났고 다른 것을 할 수 없었기 때문에 작곡을 했다. 나는 영감이라는 것이 따로 있다고 생각하지 않는다. 부지런히 일을 하다 보면 영감은 부수적으로 따라오는 것이다."

그렇기 때문에 그에게 있어 창작의 원천은 번뜩이는 재치가 아니라 우직한 손가락이었다.

"손가락을 얕봐서는 안 된다. 악기와 늘 접촉하는 영감의 원천이 바로 손가락이다."

이는 그가 작곡을 손으로 하는 노동으로 생각했다는 것을 보여준다. 그는 영감에 의존하지 않았다. 그는 자신이 원하는 음악적 효과를 구현하기 위해 악기 구성을 연구하고 고전 민요와 기존 음악을 공부해가며 새로운 아이디어를 얻었다. 또한 그는 음악의 성격과 정조를 결정한 후 그에 맞는 음악이 나올 때까지 수없이 반복 작업을 했다. 〈봄의 제전〉은 모든 면에서 새롭고 영감이 가득한 작품이지만, 작곡가인 그의 작업은 수학자 혹은 외과의사처럼 철두철미했던 것이다. 스트라빈스키의 전기를 쓴 미하일 드루스킨 Mikhail Druskin은 그의 작업을 외과의사의 수술에 비유했다.

> 스트라빈스키의 작업대는 작곡가의 작업대가 아니라 외과의사의 작업대를 닮았다. 음계 이름, 음, 쉼표가 완벽하게 기재되어 있어, 악보가 아니라 지도 같은 느낌마저 준다.

초창기 그는 완벽한 자기 관리 습관을 의도적으로 억누르고 있어야만 했다. 아직 무명인 처지라 자기가 원하는 대로 행동할 수 없었던 것이다. 하지만 명성을 얻기 시작하면서 곧 자신의 습관을 드러낸다. 후

원자 격인 디아길레프와 그는 자주 논쟁을 벌였다. 재미있는 것은 그 논쟁이 음악적인 논쟁이 아니라, 계약과 관련된 논쟁이었다는 사실이다. 그는 자신이 해야 할 공연의 정확한 날짜와 기간, 그리고 계약금의 분배 문제를 놓고 수도 없는 논쟁을 벌였다. 그렇다고 그가 가난했던 것은 아니었다. 그는 부호의 아들이었고, 음악으로 벌어들인 수입도 상당했다. 그럼에도 자기 주변의 일을 결코 대충대충 넘기지 않았다. 음악 수정을 요구하는 작곡가 앙세르메에 대한 태도에서도 이러한 완벽주의는 여실히 드러난다.

"제가 쓴 곡의 어느 부분도 삭제하시면 안 됩니다. 원곡 그대로 연주하거나 아니면 그만두십시오. 전에도 밝혔는데 이 문제에 대해 정확히 이해하지 못하신 것 같군요."

작곡가로 널리 이름을 떨치게 되자, 그는 자신이 원하는 식으로 계약을 맺었다. 그가 원하는 것은 더 많은 통제력이었다. 그는 자신의 작품을 직접 지휘하기를 원했고, 그 경우 작품에 대한 자의적인 해석은 일체 금지되었다. 모든 것을 자신이 원하는 방향대로 완벽하게 조율해야만 직성이 풀렸다. 스트라빈스키와 일하기 원하는 연주자들은 모두 자신의 요구 조건을 완전히 버리고 그의 뜻에 따라야만 했다. 그의 태도는 노년기에 접어든 후에도 변하지 않았다. 스트라빈스키에게 발레 작품을 써달라고 한 의뢰자는 조금 대중적인 편곡의 필요성을 느꼈다. 그는 스트라빈스키를 치켜세우며 이런 내용의 편지를 썼다.

"귀하의 음악은 대단한 성공을 거두었습니다. 약간의 편곡을 하기만 하면 더욱 선풍적인 인기를 끌 것입니다."

스트라빈스키의 답장은 간단했다.

"대단한 성공에 만족합니다."

스트라빈스키의 지나칠 정도로 꼼꼼한 자기 관리는 때로 마찰을 낳기도 했다. 그는 절친한 친구와도 작품의 소유권을 놓고 싸움을 벌였으며, 자신의 작품에 대한 권리를 침해했다는 이유로 툭하면 소송을 벌이기도 했다. 몇 푼 안 되는 손해일지라도 결코 용납하지 않았으며, 그 상대가 가족일지라도 그러한 원칙은 여지없이 발휘되었다. 그의 장례식 과정에서 드러난 가족의 불화는 세간에 화제가 될 정도였다.

그러나 세부까지 철저한 그의 관리 습관은 근본적으로는 높은 수준의 음악 창작에 집중되었다. 그는 노년기에 접어든 후에도 음악 공부를 게을리하지 않았다. 전위 음악가들을 후원하기도 했으며, 무엇보다도 죽는 날까지 작곡을 손에서 놓지 않았다.

어찌 보면 냉정을 넘어서 냉혹하기까지 한 스트라빈스키의 자기 관리, 혹은 자신의 일을 완벽하게 장악하는 습관은 그가 남긴 말을 음미해보면 조금은 용서가 된다.

"나는 내가 태어난 세상에서 만난 온갖 어려움을 이겨냈고 견뎌냈다. 타락한 면이 없지 않은 출판업자나 음악 축제, 음반사, 홍보업계의 오랜 인습을 극복해낸 것이다."

세상과의 투쟁 속에서 살아남아 무엇인가를 만들기 위해서는 남다른 그 무엇이 필요하기 마련인데, 스트라빈스키에게는 그것이 완벽한 자기 관리 습관이었던 것이다. **스트라빈스키가 자기 인생을 돌아보며 했다는 말이** 그가 얼마나 자기 인생을 완벽하게 장악한 것에 대해 자부심을 가졌는지 보여준다.

주위를 세밀하게 관찰한다

"나의 작업은 섬세한 붓을 쥐고
작은 상아를 꼼꼼히 그려나가는 것과 같다."
- 관찰의 달인이었던 제인 오스틴

　　세계적인 주방용품 제조업체인 '옥소'의 출발은 창업자의 부인 덕분이었다. 30년 동안 주방업체를 경영하다 일선에서 물러난 샘 파버Sam Farber는 어느 날 관절염에 걸린 부인이 제대로 칼을 잡지 못하는 사실을 발견했다. 손잡이가 가늘고 좁게 되어 있었기 때문이다. 샘 파버는 즉각 문제 해결을 위한 노력에 돌입한다. 먼저 그는 패트리샤 무어Patricia Moore라는 노인 전문 학자를 고용했다. 무어는 80대 노인으로 분장하고 전국을 돌아다니며 노인들이 실생활에서 겪는 여러 가지 불편한 사항을 찾아내 연구하는 것으로 유명한 인물이었다.

　　샘 파버는 무어의 조언을 적극적으로 수렴하고, 그와 함께 실제 노인들을 찾아가 인터뷰를 했다. 수많은 인터뷰 끝에 개선점이 도출되었고, 몇 년 후 샘 파버는 옥소의 히트 상품이 된 '굿 그립' 칼을 탄생시킨다. 고무 재질 손잡이를 사용해 몸이 불편한 이도 쉽게 사용할 수 있는 칼이었다.

　샘 파버가 자기 주위를 세밀하게 관찰하는 습관을 지니고 있지 않았더라면 '굿 그립', 그리고 오늘날의 옥소는 탄생조차 하지 않았을 터였다. 다행히도 샘 파버는 주위를 꼼꼼히 살필 줄 알았고, 그 결과 오늘날 주부들을 행복하게 만드는 회사 옥소가 탄생할 수 있었다.

　또 다른 관찰의 대가는 전혀 다른 분야인 문학 쪽에서 발견된다. 그 주인공은 바로 제인 오스틴이다. 제인 오스틴이 현대에 태어났다면 당대 최고의 로맨스 드라마 작가가 되었을 것이다. 사랑에 빠진, 혹은 사랑을 갈구하는 여성 심리에 대한 세밀한 묘사, 여성을 둘러싼 남성들의 권위적이면서도 가식적인 행동을 그녀보다 더 잘 그려내는 작가는 일찍이 없었다. 제인 오스틴은 등장인물에 대해 적당히 거리를 유지한 채 남녀의 사랑과 결혼을 둘러싼 심상과 사회상을 자신만의 독특한 시각으로 그려나갔다. 에디슨병으로 마흔한 살이라는 이른 나이에 죽지만 않았다면, 더 많은 작품으로 우리에게 감동을 주었을 텐데, 안타까울 따름이다.

　제인 오스틴이 어떤 여인이었는가를 알 수 있는 자료는 많이 남아 있지 않다. 그녀를 당대의 규범을 철저히 준수하는 양갓집 여인으로 꾸미길 원한 가족들 때문이다. 가까운 이들과 나눈 수많은 편지들은 언니 커샌드러의 검열로 불태워지거나 왜곡되었고, 초상화 또한 단 두

점만 남아 있다. 지금이야 가족들의 그런 처사가 무지몽매하게 느껴지지만 당대 상류층과도 교류를 나누었던 중류층 가문으로서는 어쩔 수 없는 선택이었을 것이다.

그나마 남아있는 자료들과 작품들을 통해 추정할 수 있는 오스틴은 활달하고 재미있고 웃음이 많은 여인이었다. 또한 주변의 일에 관심이 많아 사소한 사건도 그냥 넘기는 법이 없는 '관찰의 달인'이기도 했다. 오늘날의 오스틴을 세계적 작가로 만든 것은 그 사소한 습관에서 비롯된다.

오스틴은 시골 교구 목사인 아버지 슬하의 여덟 남매 중 일곱째로 태어났다. 오스틴의 부모는 사교적이고 개방적인 성향을 지닌 사람들이었다. 덕분에 오스틴은 그 당시 여성치고는 많이 이들과 교분을 나눌 수 있었다. 유난히 주위 일을 관찰하기 좋아하는 습관을 지닌 오스틴에게 이 같은 환경은 크나큰 축복이었다. 그녀는 지역의 명사들이 내뱉는 말투나 행동을 꼼꼼하게 머릿속에 넣어두었다. 자신과 동년배인 여인들의 생각이나 행동, 그들의 주위에서 맴도는 남성들의 태도 또한 빼놓지 않고 입력했다. 그녀는 특히 어리석고 덜된 행동, 말과 다른 모순된 행동에 많은 관심을 보였다. 이런 자잘한 기억들이 모여 훗날 시대를 대표하는 연애 소설이나 사회 소설을 완성해나갈 수 있었던 것이다.

이 과정에서 오스틴 가족의 역할 또한 빼놓을 수 없다. 어려서부터 관찰하고 글을 쓰는 일에 열심이었던 오스틴은 자신이 쓴 글을 식구들 앞에서 읽는 기회를 자주 가졌다. 뛰어난 관찰력을 지녔다고 해도 아직 어린 나이니 완성도 높은 문장을 썼을 리는 없다. 하지만 가족 중 그 누구도 오스틴을 비판하지 않았다. 비판하기는커녕 웃고 칭찬하고 격려해주었다. 이러한 가족들의 열린 태도가 오스틴의 창작열에 불을 붙인 것은 당연하다.

세밀한 관찰 습관과 더불어 어린 오스틴을 자극한 것은 집 안에 가득한 책이었다. 아버지와 오빠는 옥스퍼드나 케임브리지에서 연구원을 지냈을 만큼의 교양인이었다. 그들은 마음 또한 너그러워 오스틴이 이 책 저 책을 탐구하는 동안 일절 간섭하지 않았다. 당대 문인들과 전혀 교류하지 않았던 오스틴이 소설을 펴낼 수 있었던 것은 오빠의 도움이 있었기에 가능했다. 오스틴에게 있어 가족과 함께 살았던 목사관은 창작의 열정이 마음껏 자라날 수 있는 모태이기도 했다.

자기 주변의 일을 꼼꼼하게 관찰하고 그를 통해 수많은 습작을 남겼던 오스틴은 나이가 들어가면서 본격적인 소설을 집필하게 된다. 소설 집필 동기 또한 관찰과 관계가 있다. 오스틴은 당대 유명 로맨스 작가들의 글을 빠짐없이 구해다 읽었는데, 그녀가 보기에 그 소설들은 너무나 형편없는 쓰레기 같았다. 본격적인 소설을 쓴 것은 아니었지만 습작기를 거치면서 소설의 기본 틀은 머릿속에 완성되어 있었기에 엉성한 묘사와 관찰을 통해 쓰인 작품들을 냉정한 눈으로 비판할 수 있었던 것이다. 결국 제인 오스틴은 직접 소설을 써 세상에 내보여야겠다고 결심하기에 이른다.

오스틴의 첫 번째 집필 원칙은 자신이 아는 것만 쓴다는 것이었다. 오랜 관찰 경험을 통해 그녀는 실제 사람들에게 일어난 일이 가장 재미있는 사건이라는 것을 깨달았다. 그러한 사건들을 제대로 배치하고 객관적인 시선을 유지하기만 한다면 현실적이지 않는 낭만과 과장을 위주로 써내려가는 글들보다 훨씬 더 사람들에게 호소할 수 있다는 사실을 본능적으로 알았던 것이다. 그렇게 해서 첫 번째로 탄생한 소설이 바로《이성과 감성》이었다. 생각이 많은 엘리너와 열정적인 메리 앤은 그녀 주위에서 흔히 볼 수 있는 인물이었다.

첫 번째 소설을 통해 자신감을 얻은 오스틴은 두 번째 소설《노생거 수도원》에서는 자신의 어린 시절을 투영해 넣는다. 별로 예쁘지는 않으나 생기 가득한 주인공은 어린 시절의 오스틴 그 자체라고 할 수 있다. 그 두 작품에 이어 나온 소설이 대표작으로 손꼽히는《오만과 편견》이다. 이 작품에 나오는 무도회 장면 또한 그녀가 직접 경험한 사건에서 따온 것이라고 한다. 홀로 남은 열 살짜리 아이를 통해 그려지는 무도회 장면은 훗날《엠마》에서도 다시 한 번 인용된다.《엠마》에 등장하는 프랭크는 자신의 오빠와 비슷한 경험을 하도록 만들어놓았다.

제인 오스틴은 문학사에 길이 남는 천재는 아니었다. 하지만 주변 일을 꼼꼼히 관찰하고 그 관찰을 기반으로 소설을 쓰는 능력에 있어서는 단연 출중함을 보였다. 그녀는 자신의 작업을 섬세한 붓을 쥐고 작은 상아를 꼼꼼히 그려나가는 일에 비유했다. 그녀는 자기가 보지 않고 듣지 않은 일은 소설로 쓰지 않는다는 원칙을 평생 지켰다. 오스틴의 소설 내용 대부분을 여성의 대화가 차지하는 것은 바로 그 때문이다. 오스틴은 결혼도 하지 않았으며, 직업도 갖지 않았다. 그럼에도 그녀의 소설에는 당대의 사회상이 너무도 생생하게 녹아 있다. 자신이 할 수 있는 범주에서 최선을 다했던 그녀의 노력이 남긴 결실인 셈이다. 당대에는 그리 유명한 작가가 아니었던 제인 오스틴. 하지만 그녀 사후 불붙기 시작한 작품에 대한 관심은 21세기에 들어서도 사그라지지 않고 있다. 이것은 모두 그녀의 탁월한 관찰 습관 덕분이다.

제인 오스틴만큼 유명하지는 않지만 주위를 꼼꼼히 관찰하는 습관만큼은 뒤지지 않았던 인물이 바로 해양 고고학자 안데스 프란첸Anders Franzen이다. 안데스 프란첸은 300년 가까이 가라앉아 있던 군함 바사호를 발견하고 인양에 성공한 인물이다. 바사호는 1628년 8월 10일 스웨덴의 국왕 구스타프 아돌프 2세 시절 만든 목조전함으로 많은 사람들의 환송 속에 스톡홀름항을 출항했지만, 얼마 가지 못해 돌풍을 만나 바닷속으로 침몰했다. 오랜 세월 동안 바닷속에 묻혀 있던 바사호를 발견하는 데 있어 가장 큰 역할을 한 것은 바로 프란첸의 꼼꼼한 관찰력이었다. 1939년 어느 날 스웨덴의 해안을 항해하던 프란첸은 좀조개에 갉아 먹힌 난파선 조각을 발견한다. 보통 사람 같으면 그냥 넘겼을 사소한 발견이었지만 프란첸은 달랐다. 어려서부터 난파선에 유독 관심이 많았던 프란첸은 난파선 조각을 들고 고개를 갸웃거렸다. 그가 살던 동해 바다, 즉 발트해에서는 한번도 좀조개에 갉아 먹힌 난파선 조각을 본 적이 없기 때문이다. 프란첸은 좀조개에 대해 꼼꼼히 조사하기 시작했고, 그 결과 발트해에는 염분이 많아 좀조개가 번식하지 않는다는 사실을 알게 되었다. 그는 이 조사 사실을 바탕으로 어쩌면 발트해에 오래전에 침몰한 바사호가 그대로 남아 있을지도 모른다는 착상을 하기에 이른다.

  꼼꼼한 관찰에 기초한 그의 과감한 상상력은 20년 가까운 세월을 보내고 난 후에야 비로소 빛을 발했다. 틈 날 때마다 발트해로 나가 갈고리로 바닷속을 훑던 그는 1956년 마침내 검게 변한 떡갈나무 조각을 발견했고, 이 오래된 조각을 바사호의 것이라 확신해 본격적인 인양작업에 들어갔다. 마침내 바사호가 인양된 것은 1961년이었으니, 결국 착상부터 성공까지 22년이 걸린 셈이다. 하지만 오늘날 바사호를 전시하는 바사호 박물관이 스웨덴을 대표하는 박물관으로 자리 잡은 걸 보면, 프란첸의 노력이 헛된 것만은 아니었던 셈이다. 스웨덴을 깜짝 놀라게 한 이 대발견의 실마리가 작은 증거를 무시하지 않은 프란첸의 꼼꼼한 관찰 습관에서 비롯된 것임은 두말할 나위가 없다.

제인 오스틴과 안데스 프란첸의 습관을 기업 경영에 접목시킨 사례가 있으니 바로 모리미술관의 경우다. 2003년 문을 연 모리미술관은 도쿄에서 가장 번화한 지역인 롯폰기힐스의 모리타워에 위치해 있다. 평일 유동 인구가 5만 명에 이르는 곳에 있기는 하지만, 모리미술관은 미술관으로서는 결정적인 약점을 가지고 있었다. 유동 인구의 대부분이 회사원들이라 미술관을 관람할 시간을 낼 수가 없는 것이다. 난감한 상황에 봉착한 미술관이 찾은 해결책은 의외로 간단했다. 관람 시간을 밤 10시까지 연장하는 정책을 택한 것이다. 관람 시간의 문제를 해결한 뒤에 손댄 것은 전시 설명 방식이었다. 모리미술관 측은 직장인, 기자, 대학생 들을 가이드로 뽑았다. 미술에 취약한 회사원들의 입장을 고려해 그들의 눈높이에 맞는 가이드들을 택한 것이다.

  주변을 면밀하게 관찰하고 그에 맞춰 관람 시간과 전시 설명 방식을 바꾼 효과는 좋은 결과로 입증되었다. 2008년 입장객 수가 150만 명에 이르렀는데 이는 1세기가 넘는 전통을 자랑하는 우에노 국립서미술관의 실적을 넘어서는 것이었다. 접근성이 좋다는 장점 뒤에 가려져 있는 사소한 단점, 관람 시간의 문제를 알아차리지 못했다면 결코 얻을 수 없는 결실이었다.

  갈수록 하늘 아래 새것이 없는 시대를 살아가는 현대인들. 결국 디테일의 차이를 발견할 수 있는 자만이 어떤 성취를 이뤄낼 수 있지 않을까.

인간에 대한 낙관적인 신뢰를 저버리지 않는다

"사람에게는 완벽함에 대한 갈망이 있으며
일을 잘하고 싶은 욕구가 있기 마련이다. 그러므로
직장에서는 사람들을 믿고 존중하며 그들이
유용하다고 느낄 수 있는 환경을 제공해야 한다."

— 심리학자 에이브러햄 매슬로

 '십시일반'이라는 말이 있다. 밥 열 숟가락을 모으면 밥 한 그릇이 된다는 뜻이다. 윤석철 한양대 석좌교수가 쓴《삶의 정도》라는 책의 도입부에 이 십시일반의 상황을 설명하는 아름다운 에피소드가 등장한다.

 보릿고개라는 말이 생존을 위협하고 있던 시절 손님 한 분이 가난한 집을 방문했다. 할아버지를 만나기 위해서였다. 며느리는 옆집에 가서 쌀 한 줌을 꿔와 그것으로 밥을 지었다. 배고픔에 시달리던 그 집 손자는 밥이 다 되기만을 기다렸다. 할아버지가 밥을 나눠줄지도 모른다고 생각했기 때문이었다. 어머니의 한마디도 소년의 기대를 높여주었다.

 "할아버지께서 밥을 남기시면 너에게 다 주마."

 그러나 소년의 기대는 허물어지고 말았다. 할아버지와 손님은 밥그릇을 모두 비운 것이다. 빈 밥그릇을 본 소년은 그만 눈물을 떨구고 말았다. 손자의 울음소리를 듣고 할머니가 뛰쳐나왔다. 돌아가는 상황을 짐작한 할머니는 말없이 손자의 손을 붙잡고 동네에서 가장 잘사는 집으로 갔다. 그러고는 빗자루를 집어 마당을 청소하기 시작했다. 주인이 청소를 부탁한 것도 아니었다. 딱히 마당이 더러운 것도 아니었다. 그런데 할머니가 빗자루를 놓은 순간 손자는 놀라운 장면을 보게 된다. 안에서 가만히 지켜보던 안주인이 밥 한 공기를 가져와 할머니에게 내밀었던 것이다.

 소년은 그 순간 놀라운 깨달음을 얻었다. 소년의 아버지는 식사 때마다 밥을 국에 말아 절반쯤 먹고는 상을 물렸다. 그래야 어머니가 밥을 먹을 수 있었기 때문이다. 소년은 모든 이가 배불리 밥을 먹을 수 없는 상황이 안타까웠지만, 그러한 상황을 십시일반의 정신으로 헤쳐나가는 어른들의 지혜에 큰 용기를 얻었다. 상황은 절망적이지만 그러한 사랑이 있는 한 세상은 살아갈 희망이 있는 법이었으므로. 그 소년이 바로 윤석철 교수다.

 인간에 대한 낙관적인 믿음이 가져온 극적인 사례를 한 가지 더 살펴보기로 한다. 전국시대 산동에 위치했던 제나라가 당대의 강대국인 진나라와 전쟁을 벌였을 때의 일이다. 제의 위왕은 장자라는 장군에게 전쟁을 맡겼다. 강대국과의 전쟁이라 제의 신하들은 그야말로 작은 일에도 전전긍긍이었다. 그런데 그런 와중에 더욱 불을 붙일 만한 소식이 들려왔다. 제의 병사들이 진의 복장을 하고 돌아다닌다는 것이었다. 신하들은 위왕에게 달려와 부르짖었다.

"장자가 배반한 것이 분명합니다."

위왕은 아무런 반응도 보이지 않았다. 소문은 날로 확산되어갔다. 급기야 장자가 병사들을 이끌고 진에 항복했다는 소식까지 들려왔다. 그러나 신하들의 보고를 받은 위왕은 여전히 아무런 반응도 보이지 않았다. 답답해진 신하들은 혹시 사전에 장자와 짰던 계략의 일부냐고 물었다. 그러나 위왕은 그렇지 않다고만 말할 뿐이었다. 위왕을 제외한 모든 이들은 장자가 배반했다고 믿었다.

얼마 후 전쟁터에서 다시 소식이 들려왔다. 장자가 진을 물리쳤다는 것이었다. 그제야 비로소 제의 병사들에게 진의 복장을 입힌 것이 장자의 계략이었다는 사실이 확인되었다. 신하들은 위왕에게 찾아가 장자에 대한 믿음을 끝까지 버리지 않은 이유를 물었다. 위왕의 대답은 이러했다.

"장자의 어미는 일찍이 죄를 지었다. 장자의 아비는 장자의 어미를 죽여 마구간 아래 묻었다. 전쟁에 나가기 전 장자를 불러 넌지시 제안했다. 전쟁에 승리하면 어미를 편안한 곳에 장사지내주겠다고 말이다. 하지만 장자는 거절했다. 아버지를 기만하는 일을 하고 싶지 않다는 것이 장자의 설명이었다. 아비를 배반하지 않는 장자가 임금을 배반할 리가 없다. 나는 오직 그 사실 하나를 보고 장자를 믿기로 결심했던 것이다."

장수에 대한 신뢰, 즉 인간에 대한 낙관적인 신뢰를 저버리지 않은 위왕의 습관이 전쟁에서 승리를 이끌어냈던 것이다.

위왕의 습관이 가져온 효과에 대해 과학적으로 규명한 심리학자가 있다. 그의 이름은 바로 에이브러햄 매슬로 Abraham H. Maslow다.

욕구 5단계설로 널리 알려진 에이브러햄 매슬로의 어린 시절은 행복한 편이 아니었다. 가난한 러시아계 유태인인 아버지는 육체노동으로 간신히 생계를 유지했고, 매슬로는 가족의 보살핌도 받지 못한 채 브루클린이라는 힘한 환경 속에서 생활해야만 했다. 더욱 나쁜 것은 매슬로가 그 지역에서 거의 유일한 유태인 소년이었다는 점이다. 그런 까닭에 매슬로는 친구도 사귈 수 없었고, 오로지 도서관에서 책을 읽으며 어린 시절을 보내야만 했다. 그럼에도 매슬로는 결코 좌절하지 않았다. 변호사가 되어 안정된 삶을 살기 원하는 아버지의 요구를 거절하고 학자의 길을 가기로 결정했다. 그런 매슬로에게 힘이 되어준 것은 사촌 버사였다. 그는 그녀와 결혼해 평온을 얻었다. 뛰어난 지능과 학구열을 지닌 매슬로였지만 그가 살아온 환경은 늘 그를 불안하게 만들었다. 버사와의 결혼을 통해 그는 비로소 세상을 따뜻한 눈으로 바라보는 힘을 얻을 수 있었다. 훗날 매슬로는 결혼과 양육의 힘에 대해 다음과 같이 토로한 바 있다.

"삶에서 내게 가장 많은 것을 가르쳐준 교육적 체험은 결혼한 것과 아버지가 된 것이었다. 그 체험을 통해 나는 어떤 사람인지를 알게 되었으며 더 크고 완전한 인간이 될 수 있었다."

인간의 잠재성을 믿는 그의 낙관적인 성향은 이때부터 조금씩 그 모습을 드러내기 시작했던 것이다.

1928년 위스콘신대학에 진학하면서 매슬로는 본격적인 심리학 연구에 뛰어든다. 그는 심리학계의 거장들에게서 지도를 받는 행운을 누린다. 그의 지도 교수는 유인원 연구로 유명한 해리 할로 Harry Harlow였다. 할로에 이어 에드워드 손다이크 Edward Thorndike의 문하로 들어간 매슬로는 행동주의 심리학에 정통하게 되었다. 하지만 인간의 심리를 실험으로 규명하고, 또한 몇 가지 조작을 통해 인간의 행동을 조절할 수 있다는 행동주의 심리학의 전제는 매슬로에게 받아들이기 쉽지 않은 것이었다. 훗날 매슬로가 《인간 본성에 대한 심층적 연구 The Farther Reaches of Human Nature》라는 책에 썼던 것을 살펴보면, 매슬로와 행동주의 심리학은 언젠가는 결별할 수밖에 없는 필연성을 내포하고 있었음을 알 수 있다.

> 이 책 전체를 한 문장으로 표현한다면 이렇다. 인간은 더욱 높은 본성을 지니고 있으며, 그 본성은 인간의 일부라는 것을 이 책을 통해 자세히 설명하고 있는 것이다. 인간은 인간적이고 생물학적인 본성으로부터 생겨나 훌륭한 존재가 될 수 있는 것이다.

이제 매슬로의 관심사는 인간의 잠재력을 발견하고 그 잠재력을 꽃피우게 하는 데 집중된다. 교수로 재직했던 브루클린대학은 매슬로에게는 완벽한 실험의 장이었다. 브루클린대학의 학생들은 대체로 어려운 환경에 처해 있었다. 이민자의 자녀들이 대부분이라 미국 사회에 적응하는 일에 어려움을 겪었다. 교수들은 학생들의 환경에는 별다른 관심을 갖지 않았지만 매슬로는 달랐다. 매슬로는 자신의 학생들 하나하나에게 애정 어린 관심을 보였다. 그들을 비난하기보다는 격려하고 위로하는 일에 많은 시간을 들였다. 학생들도 변화하는 모습을 보이기 시작했다. 냉소적인 학생들의 마음이 점차 따뜻하게 변했으며 적극적인 행동 습관을 갖추게 되었다. 덕분에 브루클린대학에 재직했던 14년의 기간 동안 매슬로는 학생들이 가장 존경하는 교수라는 명성을 얻었다.

학생들에게서 인간 잠재력의 가능성을 발견한 매슬로는 따뜻하고 훌륭한 인간을 만드는 조건에 대해 관심을 갖게 된다. 마침 매슬로의 곁에는 그런 가능성을 실재로 구현하고 있는 인물들이 있었다. 인류학자인 루스 베네딕트Ruth Benedict와 심리학자인 막스 베르트하이머Max Wertheimer가 바로 그들이었다. 물론 처음부터 그들을 연구하려 한 것은 아니었다. 매슬로는 두 사람을 진심으로 존경했다. 그러다 보니 자연스럽게 그들의 인성에 존재하는 비밀을 알고 싶은 마음이 생긴 것이다. 그렇다고 실험 심리학자들처럼 두 사람을 실험실로 부를 수는 없었다. 매슬로는 그들 곁에 머물며 두 사람의 행동을 세밀하게 관찰하고 기록하기 시작했다. 별다른 성과를 기대한 것은 아니지만 연구 결과는 놀라웠다. 두 사람의 행동에서 일정한 패턴이 발견된 것이다. 매슬로는 연구 대상을 다른 이들에게까지 확대해나갔고 마침내 훗날 '인본주의 심리학'이라 불리는 인간상의 기초를 확립하는 성과를 거두기에 이르렀다. 매슬로는 심리학의 새로운 분야를 개척하는 데 성공한 것이다.

매슬로 이전의 심리학은 인간의 어두운 본성을 강조하는 프로이트 학파와 행동 개조를 믿는 행동주의 심리학파로 양분되어 있었다. 매슬로를 통해 비로소 심리학은 존재의 가능성을 믿고 자아실현을 중시하는 심리학이 되었다. 매슬로는 심리적으로 건강한 이들이 도달할 수 있는 최고의 경지를 다음과 같이 표현했다.

"성숙과 건강, 자아실현의 최고조에 이른 사람들은 우리에게 너무도 많은 것을 가르쳐준다. 때로 그들은 우리와는 전혀 다른 인종처럼 느껴질 정도이다."

매슬로 덕분에 심리학은 훌륭한 인간의 본질과 충실하게 삶을 살아가는 방법, 그리고 유년기의 미성숙함과 불안정함을 초월해 자아실현을 이루는 방법을 탐구할 수 있게 되었다. 이른바 열린 학교들 또한 매슬로의 이론에 힘입은 바 크다. 매슬로는 어린이의 존재 가치를 실현하는 것이야말로 새로운 문명사회를 여는 주춧돌이라고 생각했다.

매슬로는 개인의 잠재성이 제대로 발현되지 않고 있는 또 하나의 현장을 주목했다. 바로 직장이었다. 이윤 중심 논리가 다른 논리들을 지배하는 현장이 바로 직장이지만 매슬로는 그런 곳에서도 개인의 잠재성은 충분히 발현될 수 있으며, 그 잠재성의 발현을 통해 직장의 이윤 또한 증가하리라는 믿음을 버리지 않았다. 매슬로는 최첨단 공장 시스템을 자랑하던 기업 넌리니어사를 실험의 장으로 삼았다. 매슬로는 완전히 기능하는 직장을 위한 전제 조건을 제시했다. 사람에게는 완벽함에 대한 갈망이 있으며 일을 잘하고 싶은 욕구가 있기 마련이다. 그러므로 직장에서는 사람들을 믿고 존중하며 그들이 유용하다고 느낄 수 있는 환경을 제공해야 한다는 것이었다. 구글과 같은 직장은 매슬로가 아니었으면 탄생하기 어려웠을 것이다.

 인간의 잠재성을 신뢰하는 데 있어 그 누구보다 낙관적이었던 매슬로의 모습을 가장 극적으로 보여주는 일화가 있다. 대학에서 강연하던 매슬로가 학생들에게 질문을 던졌다.

 "이 많은 학생 중 그 누가 자기가 선택한 분야에서 최고의 지위에 오를 수 있을까요?"

 학생들은 웅성거리기만 할 뿐 대답하지 못했다. 매슬로의 대답은 간명했다.

 "여러분 모두가 그렇습니다."

 매슬로는 인본주의 심리학과 초개인 심리학 두 분야의 창시자로 알려져 있다. 물론 매슬로의 이론이 완벽한 것은 아니었다. 그의 이론 중에는 규명하기 불가능한 것도 있었고, 어떤 것들은 이론이라기보다는 선언이나 직감 쪽에 더 가깝다. 그럼에도 그런 부분들에 대해 매슬로를 비난하는 견해는 거의 찾아볼 수 없다. 그것은 바로 매슬로의 낙관적인 믿음에 따라 함께 희망을 기대하고 싶었기 때문 아닐까? 매슬로의 말대로, 인생의 모든 것은 교육이며, 모든 사람은 교사이며, 모든 사람은 영원히 학생이다.

문제 해결에 앞서 상대의 마음을 정확하게 읽는다

"너희들의 두려움을 내 안다. 그러나 선제공격을 하라는 조상의 계시를 받았으니, 걱정하지 말라."
- 여진족 족장 아골타

 금을 건국한 여진족 족장 아골타阿骨打는 장점이 많은 인물이었다. 그는 활쏘기 실력이 독보적이었고, 행동거지도 진중하기 이를 데 없었다. 거기에 더해 자신을 내세우지 않는 겸허한 성품까지 지녔다. 그 때문에 아골타는 둘째였지만 어렵지 않게 아버지의 후계자로 낙점이 되었다. 이후 보여준 그의 행보는 아버지의 선택이 정확했음을 입증한다. 심한 가뭄으로 부족 전체가 굶주리는 어려움을 겪을 때였다. 참다못한 일부 부족민이 산적이 되었다. 부하들은 그들을 소탕하자고 주장했지만 아골타는 투항하는 자를 살려주는 관대한 정책을 폈다. 그 소식을 들은 산적들은 자신의 잘못을 뉘우치고 아골타에게 투항했다. 아골타의 방식이 먹혀든 것이다.
 집권 초기 자신을 반대하는 세력이 모반을 꾸미고 있다는 소식을 들었을 때도 마찬가지였다. 아골타는 주모자를 불러 자신 앞에 꿇어앉혔다. 하지만 자신은 모반 세력을 죽일 생각이 없으며 투항하면 관대하

게 처분하겠다는 뜻을 밝혔다. 아골타의 흔들림 없는 태도에 주모자는 자신감을 완전히 상실하고 투항에 동의했다. 아골타는 이런 식의 관대한 정책으로 피를 보지 않고 문제를 해결해나갔다.

하지만 관대함은 아골타의 장점의 극히 일부분이다. 그가 훗날 금을 건국할 수 있었던 것은 결정을 내리기에 앞서 상대방의 마음을 정확하게 읽는 습관을 지녔기 때문이다. 요나라와 북송이라는 만만치 않은 상대들과 어깨를 맞대고 있었던 당시 상황으로서는 정확한 판단 능력이야말로 여진족 전체의 생존을 결정짓는 가장 중대한 요소였다.

당시 여진족은 요나라에 조공을 바치고 있는 처지였다. 그러다 보니 요나라의 횡포에 일방적으로 당할 때가 많았다. 교역시 나쁜 조건을 받아들여야 했음은 물론이고, 요나라가 원하는 해동청(사냥용 매)의 숫자를 맞추기 위해 부족 전체가 해동청 잡는 일에 뛰어들어야 했다. 그러던 와중에 요나라 황제 천조제가 여진족 족장들을 자극하는 일을 벌이게 된다. 여진족 족장들을 모아놓은 자리에서 술에 취해 그들에게 춤을 추라는 명령을 내린 것이다. 부족을 대표하는 인물들에게는 상당히 모욕적인 명령이었다. 하지만 황제의 명을 대놓고 거절하는 이는 없었다. 하나둘 자리에서 일어나 춤을 추는데 아골타는 끝까지 춤을 추지 않고 버텼다. 당황한 것은 오히려 황제였다. 춤을 추지 않았다고 죽일 수도 없는 일이었다. 결국 황제는 그 자리에서는 아무런 조치도 취하지 못했다. 무조건적으로 반발한 게 아니라 황제가 취할 만한 행동을 정확하게 예측한 후에 반발한 게 통한 것이다. 얼마 후 황제는 아골타를 처벌할 것을 신중하게 검토하지만, 요 조정은 하나 된 의견을 내놓지 못했고 결국 유야무야되고 말았다.

아골타는 이 과정을 통해 요나라가 예전 같지 않음을 읽어냈다. 그는 곧 병사들을 모아 요나라와 국지전을 벌였다. 이들 전투에서 승리를 거둔 아골타는 더욱 자신감을 갖게 되었다. 그러고는 마침내 요나라를 무너뜨리기 위한 봉기 계획을 세웠다. 일이 커진 만큼 아골타 혼자서 진행할 수는 없었다. 여진 전체의 단합이 있어야 가능한 일이었다. 곧바로 회합이 열렸고 대부분은 아골타의 계획에 동조했다. 그러고는 변경 지역인 영강주부터 공략하기로 결정했다.

공격이 결정되었음에도 여전히 의견이 분분했다. 영강주의 병력이 만만치 않다고 주장하는 이들이 많았기 때문이다. 아골타는 요에 대한 잠재적인 불안감이 가장 큰 문제라는 것을 간파했다. 그는 적의 동정을 정확히 파악하기 위해 밀정을 파견했다. 그 덕분에 요의 병력이 천 명 미만이며 단기간에 병력이 확충될 가능성은 거의 없다는 사실을 알아냈다. 아골타는 이 정보를 그대로 노출하지 않았다. 적의 병력은 사실대로 알리되, 조만간 병력이 확충될 것처럼 이야기했다. 그 덕분에 공격 방법은 자연스럽게 선제 기습 공격으로 결정되었다.

출병이 결정된 후 아골타는 병사들을 선동하는 연설을 한다. 공을 세우는 자에게는 신분 고하를 막론하고 큰 상을 내리겠다고 선언했다.

이 연설은 병사들의 사기에 기름을 붓는 역할을 했다. 그런데 보통의 장수였다면 이 정도로 충분하다 여겼겠지만 그는 달랐다. 결정적인 것이 하나 더 있어야 병사들이 목숨을 바쳐 싸울 것임을 정확히 파악하고 있었던 것이다. 전장에 선 아골타는 갑옷을 벗고 적 진영으로 돌진해갔다. 아골타가 그렇게까지 나서는데 병사들이 머뭇거릴 수는 없는 일이었다. 병사들은 조금도 멈칫거리지 않고 적진으로 향해 갔다. 결과는 대승이었다. 병사들의 마음을 정확히 읽고 최선의 대응책을 찾아낸 아골타의 전략이 승리를 거둔 것이나 마찬가지였다.

첫 승리를 거두긴 했으나 요는 여전히 막강한 상대였다. 아골타는 이번에도 상대의 마음을 정확하게 읽어냈다. 요나라 부대의 공격이 임박하자 아골타는 조상의 계시를 끌어들였다. 선제공격을 하라는 조상의 계시를 받았다고 연설한 것이다. 이 전략 또한 효과를 보았다. 조상들이 지켜준다는 믿음이 생기자 병사들은 자신의 능력 이상을 발휘해 전투에 임했다. 결과는 이번에도 대승이었다.

아골타는 병사들의 지지를 받아 금을 건국하기에 이르렀다. 요나라의 명칭은 철에서 유래했으므로 더 강한 금으로 제압하겠다는 의미가 담겨 있었다.

몇 번의 승리를 통해 아골타는 요나라 중심부까지 도달했다. 하지만 그럴수록 저항은 거세졌다. 왕조의 흥망이 달렸으니 상대도 호락호락 물러설 수는 없는 법. 아골타는 병사들의 사기가 눈에 띄게 떨어진 것을 읽어냈다. 아골타는 병사들을 불러모았다. 그러고는 갑자기 칼을 들어 자신의 얼굴에 상처를 냈다. 피를 내는 것은 여진족의 장례 풍습이었다. 이는 곧 죽음까지 불사하겠다는 의미였다. 새로 즉위한 황제가 죽음을 각오하고 있었다. 병사들은 그 황제를 죽음에 이르게 할 수는 없는 일이었다.

곧이어 피 튀기는 전투가 벌어졌다. 금의 각오는 대단했지만 요의 군대는 70만 병력을 자랑했다. 병사들의 사기는 조금씩 꺾여갔고, 장수들 또한 뒤로 물러날 것을 건의했다. 아골타는 다시 한 번 상황을 냉정하게 판단했다. 무조건 진격은 자칫 악수가 될 수 있었다. 아골타는 잠시 상황을 정리하는 시간을 가졌다.

다행히 요는 내부에서부터 스스로 무너졌다. 반란이 일어나 요의 군대가 전장에서 물러난 것이다. 장수들은 공격하자고 건의했지만 아골타의 선택은 그와 반대였다. 비겁한 승리를 원하지 않는다는 것이 이유였다. 이 또한 아골타의 뛰어난 상황 판단력을 보여주는 부분이다. 아골타는 당장의 승리보다 명령의 위계질서가 더 중요하다고 판단했다. 지난번 자신이 공격을 명령했음에도 대군에 기가 질려 물러나자고 건의했던 것에 대해 넌지시 질타한 것이었다. 이는 전투를 회피하는 장수를 벌주는 것보다 더욱 효과적인 결과를 가져왔다. 이후의 전투에서 여진족은 더 이상 물러나지 않았다. 결국 최후의 승리는 아골타의 것이 되었다.

단순 병력을 비교하면 아골타는 요나라를 결코 이길 수가 없었다. 하지만 승자는 아골타였다. 이는 화급한 상황에서도 무조건 행동에 나서지 않고, 일단 상황을 냉정하게 분석하고 상대의 마음을 읽은 뒤 가장 효과적인 전략을 도출해내는 아골타의 습관이 있었기에 가능한 일이었다.

아골타 못지않게 행동에 앞서 상대의 마음을 읽는 습관에 능한 이가 바로 광해군이다. 1616년 누르하치가 후금을 세우고 제위에 오르자 광해군은 바쁘게 움직였다. 그는 일단 적의 정보부터 수집하는 작업에 착수했다. 그는 척후병과 간첩을 활용해 누르하치의 동향과 여진 각 부족의 움직임을 체크했다. 조선의 기밀이 새나가지 않도록 보안을 강화하는 동시에, 신분이 낮은 여진어 역관 하세국을 과감히 등용해 상대방을 안심시키는 유화책을 썼다. 광해군은 이를 통해 정보 수집 측면에서 소기의 성과를 거두었다.

그러나 일이 광해군의 예상대로 쉽사리 진행된 것만은 아니었다. 명과 청 사이에서 국익을 우선한 실리 정책을 추진하던 광해군에게 위기가 닥친다. 1619년 명이 후금 공격에 나서면서 조선에 동참할 것을 요청한 것이다. 조정 관료들은 대부분 파병에 찬성했다. 임진왜란 때 조선을 도운 '재조지은再造之恩'을 잊지 말아야 한다는, 실리보다는 명분에 치우친 의견이었다. 그러나 광해군은 그러한 무사안일한 판단에 동의하지 않았다. 그가 수집한 정보에 의하면 명은 결코 후금을 이길 수 없었다. 일차적 판단은 내려졌지만 여전히 조선에 영향을 미치고 있는 명과의 관계를 고려해 최종 결정을 내려야만 했다.

결국 그는 강홍립을 도원수로 삼아 1만 3,000여 명의 지원군을 파견하기로 한다. 그렇다고 그가 명분론에 밀려 무조건 파병한 것은 아니었다. 광해군은 강홍립에게 후금을 적대하지 말고, 형세를 보아 향배를 결정하라는 지침을 준다. 이는 결국 무리하게 전투에 나서지 말고, 상황을 보아가며 적당히 행동하라는 뜻이었다. 행동에 앞서 상대의 마음을 정확히 읽는 것을 중요시하는 습관이 나타난 순간이다.

광해군의 의중을 읽은 강홍립은 후금에 투항한다. 조선 조정에서는 강홍립의 가족들을 처형하라는 의견을 내놓지만 광해군은 일축했다. 그는 강홍립의 가족을 서울로 불러들여 살게 하고는 강홍립을 통해 후금의 내부 자료를 계속해서 획득해나갔다. 이후에도 명은 여러 차례 추가 파병을 요청했지만 광해군은 이런저런 이유를 들어가며 거절한다. 조선의 태도에 만족한 후금은 조선을 압박하는 대신 외교 관계 맺기를 희망한다. 이에 대해서도 조정 관료 대부분은 반대했지만 광해군은 국서를 보내 후금과의 관계 개선에 박차를 가했다.

이로써 후금이 조선을 침략할 가능성은 희박해졌지만, 정작 광해군 자신은 인조반정 세력에 의해 왕위를 내놓게 된다. 이후 인조의 친명 정책으로 조선은 정묘호란, 병자호란 두 차례의 전쟁을 겪게 되고, 결국 치욕스럽게 항복함으로써 명분과 실리를 동시에 잃는 우를 범하게 된다. 삼전도의 '삼배구고두三拜九叩頭'는 국익을 최우선 과제로 삼아 유연한 정책을 펼쳤던 광해군식 외교를 따랐더라면 결코 일어나지 않았을 참사였다.

  문제 해결에 앞서 상대의 마음을 정확히 읽는 습관을 지닌 것은 아골타와 광해군이 동일했다. 그렇지만 그 결과가 사뭇 다른 것은 역사의 아이러니가 아닐 수 없다. 이렇게 생각해볼 수가 있겠다. 아골타의 상대의 마음을 읽는 습관은 자신의 편과 상대방에게 고루 발휘된 반면, 광해군의 습관은 상대를 대할 때는 잘 발휘되었으나 이상하게도 자신의 편을 설득할 때는 발휘되지 못했다. 결국 광해군을 실패로 이끈 것은 상대의 마음을 읽는 습관이 잘못되서가 아니라, 그 습관을 일관되게 가져가지 못한 탓이었다.

사람들에게 먼저 손을 내민다

"교황도 보통 사람입니다. 눈은 둘이고 입은 하나이며 귀는 둘입니다. 코도 하나이지요, 다른 이에 비해 매우 크기는 하지만요."

- 교황 요한 23세

　1958년 10월 28일, 열두 차례의 투표를 거쳐 새로운 교황이 선출되었다. 그의 이름은 안젤로 주세페 론칼리Angelo Giuseppe Roncalli였으며, 나이는 77세였다. 론칼리를 선출한 추기경들의 의사는 분명했다. 고령인 론칼리가 장기간 교황 직을 수행할 수는 없을 터였다. 추기경들은 론칼리 이후를 예상하며 임시방편으로 그를 교황 자리에 올린 것이다. 론칼리는 왜 그런 대접을 받았을까?

　론칼리는 한마디로 무난한 인물이었다. 베르가모 태생의 론칼리는 소작농 집안의 13남매 중 장남으로 태어났다. 부모는 독실한 신앙인이었다. 친척들까지 포함해 30명 넘는 식구가 함께 살았음에도 걸인을 보면 집안으로 불러들여 식사 대접을 했다.

　론칼리가 신학교에 입학한 것은 가족의 배경으로 볼 때 당연한 일이었다. 론칼리는 모범적인 신학생이었다. 지적으로 뛰어나지는 않았으나 굳건한 믿음을 지녔다. 당시 그의 내면세계는 그가 평생토록 써왔던 일기를 통해 엿볼 수 있다. 론칼리는《성경》등에서 마음에 드는 구절을 뽑아 적었고, 자신이 저지른 사소한 잘못에 대한 반성과 올바른 믿음에 대한 단상으로 일기장을 채웠다. 친구를 사랑할 것, 25분간 묵상할 것과 같은 경구들도 그가 즐겨 적는 내용이었다.

평범한 신부의 길을 갈 것만 같던 론칼리에게도 작은 위기가 있기는 했다. 무난한 삶보다는 훨씬 더 실천하는 삶에 관심이 있었던 그는 새로운 사상을 적극적으로 흡수하고 싶어했고, 그 수단으로 종교개혁과 관련된 사례들을 연구하기 시작했다. 그 결과 그는 교황의 측근으로부터 방종한 작가의 글을 읽지 말라는 경고를 받게 된다. 그 경고가 부당하다고 생각한 론칼리는 편지를 보내 자신의 입장을 변호하지만 최종적으로 그가 택한 것은 한발 물러서는 것이었다. 이때 그의 일기장에는 '혀를 움직이는 데 더욱 신중해야겠다. 의견 표출을 할 때도 조심해야겠다'고 다짐하는 내용이 기록되어 있다.

나름의 위기를 넘긴 그는 불가리아, 터키, 그리스, 파리를 거쳐 베니스 대주교 직을 맡게 된다. 모두들 베니스 대주교 자리가 론칼리의 마지막 보직이 될 것이라 예상했다. 하지만 과도기를 넘길 무난한 교황을 원했던 추기경들은 론칼리를 교황으로 뽑았다. 여태껏 보여주었던 대로 물 흐르듯 자연스럽게 교황 직을 수행하기를 기대하면서 말이다.

그런데 교황의 이름을 짓는 부분부터 론칼리는 자신을 선출한 추기경들의 암묵적인 기대를 저버렸다. 600년 동안 사용되지 않았던 요한 이라는 이름을 택한 것이다. 이는 결코 형식적인 교황 자리에 머물지 않겠다는 론칼리의 심중이 드러난 결정이기도 했다. 이렇게 해서 론칼리는 요한 23세라는 새 이름을 얻게 되었다.

요한 23세는 론칼리 시절과는 사뭇 다른 행보를 보였다. 가장 두드러진 것은 사람들에게 먼저 다가가고 손을 내미는 일이었다. 요한 23세 이전의 교황은 다가서기 어려운 신비로운 이미지의 인물들이었다. 요한 23세는 그런 이미지를 다 부숴버렸다. 그는 교황청 밖에 자주 모습을 드러냈다. 광장, 병원, 감옥 등 장소를 가리지 않았다. 자신을 만나기 원하는 사람들이 있는 곳이면 어디든 다녔다. 교황을 접한 사람들이 경직된 모습을 보이자 농담을 내뱉기도 했다.

"교황도 보통 사람입니다. 눈은 둘이고 입은 하나이며 귀는 둘입니다. 코도 하나이지요, 다른 이에 비해 매우 크기는 하지만요."

자신 앞에 서서 벌벌 떠는 사제에게는 격려의 말을 던졌다.

"걱정할 것 하나 없습니다. 심판의 날에 예수께서 교황과 잘 지냈는가, 이렇게 묻지는 않을 테니까요."

감옥을 방문해서는 그대들이 올 수 없으니 자신이 왔다고 말해 긴장을 누그러뜨렸으며, 자신을 꺼리는 나이 든 여인에게는 그 어떤 왕보다 자신을 만날 자격이 있다고 말해 그녀를 안심시켰다. 사람들 앞에 모습을 드러내는 일을 자제하라는 충고에는 자신의 행동에 잘못이 없다는 반박으로 대응했다.

그는 냉전 상태였던 미국과 소련 사이에도 다리를 놓기 위해 애를 썼다. 소탈한 그의 태도는 최고 지도자들의 마음을 움직였다. 흐루시초프가 억류되어 있던 우크라니아 대주교를 석방한 것도 요한 23세의 부탁이 있었기에 가능한 일이었다. 교황의 이런 태도는 많은 논란을 불러왔다. 불만을 터뜨린 것은 보수적인 추기경들이었다. 그들은 언론을 통해 자신들의 불만을 노골적으로 토로했다. 하지만 대중은 요한 23세의 편이었다. 대중은 그를 교황이라기보다는 뚱뚱하고 마음 좋은 할아버지로 받아들이기 시작했다. 사람들에게 먼저 다가서는 그의 행동이 있었기에 가능한 일이었다.

요한 23세가 대외적인 활동에서만 새로운 면모를 보인 것은 아니었다. 실상 그는 더 큰 것을 준비하고 있었다. 그는 교황의 자리에 오르자 제2차 바티칸 공의회를 소집했다. 가톨릭계가 발칵 뒤집혔다. 1869년 이후 거의 90년 만에 다시 열리는 공의회였기 때문이다. 반대의 목소리는 컸다. 측근들조차 준비할 것이 많으니 1963년 이후로 개최를 미루자고 건의했다. 이때 보인 그의 반응이 재미있다.

"그렇다면 1962년에 합시다."

그가 공의회를 소집한 것은 로마교회가 세상에서 벌어지고 있는 일에 제대로 대처하지 못한다고 생각했기 때문이다. 세상은 빠르게 변해가고 있었다. 하지만 교회 내부에서는 여전히 고리타분한 교리 논쟁으로 세월을 보내고 있었다. 어려움을 겪고 있는 사람들에게도 제대로 된 손길을 내밀지 못하고 타 종교에 대해서도 무조건적인 불신감을 표출하고만 있었다. 요한 23세가 보기에 그것은 옳지 않은 일이었다.

공의회를 소집한 요한 23세는 70가지 토론 의제를 내밀었다. 그 의제들을 놓고 난상토론이 벌어졌다. 의견이 첨예하게 갈렸다. 결론은 쉽게 도출되지 않았다. 하지만 요한 23세는 참고 기다렸다. 그래도 결론이 나지 않자 그는 소수로 이루어진 특별위원회를 구성하도록 독려했으며, 자신들의 이익보다는 그리스도의 소박한 가르침을 잊지 말라는 말로 넌지시 압력을 가했다.

요한 23세는 세상을 향해 자신의 관점을 밝히기 시작했다. 그는 동포애적인 관점에서 전 인류를 사랑하자는 의견을 개진하면서 종교간 반목보다는 화해를, 전쟁보다는 평화를, 경쟁보다는 가난한 이들에 대한 관심을 촉구했다. 사회를 향한 이러한 메시지는 그 이전 교황에게서는 찾아볼 수 없는 것이었다. 대중은 요한 23세의 편을 들어주었다. 그와 대립하던 세력들도 대중의 눈을 외면할 수는 없었다. 잘못하다가는 평화와 사랑을 위협하는 세력으로 낙인찍힐 판이었다. 그 결과 공의회는 개신교를 형제로 인정하고, 동방교회에도 화해의 메시지를 보내며, 교회는 사회적 불의에 대해 저항할 책임이 있다는 등의 선언들을 세상에 발표하게 되었다.

요한 23세는 불과 5년밖에 교황직을 수행하지 못했다. 그를 선출했던 추기경들의 예상대로 병을 얻어 세상을 떠났기 때문이다. 하지만 그 짧은 기간 동안 요한 23세는 다른 교황들이 이루지 못한 많은 일들을 이루어냈다. 무엇보다도 그는 대중에게 친근한 교황이었으며, 대중이 교회에 바라는 것을 정확히 읽어낸 교황이었다. 이 모든 일들은 그가 사람들에게 먼저 다가설 줄 아는 습관을 지녔기에 가능했다.

그가 죽은 후 추기경들은 작심하고 보수적인 교황을 선출했다. 하지만 요한 23세의 족적은 젊은 신부들의 마음을 움직였다. 교황의 뒤를 따라 사람들에게 먼저 손을 내미는 이들이 있었기에, 카톨릭이 죽은 종교의 자리에서 벗어날 수 있었다고 해도 과언은 아닐 것이다.

2010~2011 시즌 만년 꼴찌팀 KT 농구단을 정규리그 우승으로 이끈 전창진 감독의 별명은 '세계적인 주무'다. 1986년 실업팀 삼성전자에서 선수로 데뷔했다가 1988년 발목 수술 후유증으로 일찍 선수생활을 접은 그는 농구판을 떠나고 싶지 않아 선수들 뒤치다꺼리를 도맡아야 하는 주무를 직업으로 선택했다. 하지만 그는 결코 대충대충 일을 처리하지 않았다. 선수들의 경조사는 물론 구단 홍보까지 맡아 깊은 인상을 심어준 그는 마침내 감독의 자리에까지 올라 이제는 명장의 반열에 섰다.

일부에선 '주무 출신'이라며 수군댔지만 그는 전혀 개의치 않았다. 만년 꼴찌팀을 우승으로 이끈 비결은 바로 주무 시절에 배운 '먼저 손을 내미는 습관'이었다. 그는 코트 위에서는 무서운 감독이지만 코트

밖으로 나오면 가슴 따뜻한 형이다. 선수들이 힘들 때는 막걸리를 나눠 마시며 고민을 들어준다. 분위기가 다운되어 있을 때는 먼저 당구장으로 선수들을 이끌거나 함께 고스톱을 치면서 사기를 올려준다. 선수들뿐만이 아니다. 주무를 한 덕분에 그는 구단 구석구석까지 살필 수 있었다. 동부 소속 시절 자신의 연봉을 자진 삭감할 테니 음지에서 일하는 트레이너의 연봉을 올려달라고 구단에 요구했던 일화는 그의 됨됨이를 잘 말해준다.

  선수에서 주무로 변신하는 것이 쉬운 일은 아니었겠지만, 그는 그 좌절 속에서 오히려 선수들에게 손을 내밀고 다가가는 방법을 배웠다. 요한 23세만큼 세상에 중요한 영향을 미친 것은 아니었으나 우리가 실천하기에는 전창진 감독의 사례가 훨씬 더 쉽게 와 닿는다.

  사람들과의 관계에서 자신을 좀 내려놓고 편안하게 다가가는 것을 어려워하는 사람들이 많다. '그들이 어떻게 생각할까'라는 생각에 사로잡혀 있기 때문이다. 그러나 한번 손을 내밀어보면, 그것만큼 관계의 물꼬를 트는 방법이 없다. 상대도 나처럼 따뜻한 인간관계가 낯선, 똑같은 사람일 뿐이다.

한번 맺은 인연을
결코 버리지 않는다

"그대는 멀리 있을 때에도, 나와 떨어져 있을 때에도
여전히 행운과 축복을 잃지 않은 나의 형제였다."

- 칭기스 칸이 적이 된 친구 자무카에게 한 말

  12세기 몽골 초원은 지금으로 치면 마피아가 지배하는 사회였다. 서너 개의 대형 울루스^{Ulus} 밑에는 오복이라 불리는 씨족 집단이 있었는데 테무진, 즉 훗날 칭기스 칸이 되는 소년은 보르지긴 씨족 집단 소속이었다. 비슷한 세력을 지닌 씨족 집단이 많았던 까닭에 다툼은 끊이지 않았다. 승부는 강력한 무기의 소유 여부에 달려 있었다. 몽골 초원에서 야철 기술이 발달한 이면에는 살아남기 위한 처절한 투쟁이 있었던 것이다. 테무진은 바로 대장장이란 뜻이다. 이는 테무진이 속한 일족이 강력한 무기 제작 기술을 보유하고 있었음을 뜻한다. 테무진의 아버지 이수게이는 그러한 힘을 바탕으로 초원의 강자로 군림했다. 그러나 그 당시 몽골 초원은 피가 피를 부르는 사회였다. 이 당시의 혼란상을 《몽골비사》는 이렇게 묘사한다.

  흙이 있는 대지는 뒤집히고 있었다. 모든 나라가 싸우고 있었다. 제담요에서 아니 자고 서로 공격하고 있었다.

테무진의 집안 또한 예외는 아니었다. 이수게이는 타타르 울루스에게 독살 당했고, 열 살도 안 된 테무진은 하루아침에 버림받은 신세가 되었다. 그림자 말고는 아무도 그를 보호할 수 없는 상황이었다. 자칫 목숨을 잃을 뻔한 위기에서 테무진을 구해낸 것은 무엇일까? 그것은 바로 한번 맺은 인연을 소중히 여기는 그의 습관이었다.

테무진은 자신보다 몇 살 더 많은 자무카와 의형제를 맺었다. 자무카는 자지라트 울루스의 유력 가문에 속해 있었다. 그 때문에 어린 테무진에게는 훌륭한 방어막이 되어주었다. 자무카는 훌륭한 스승이기도 했다. 테무진은 자무카와 어울리면서 말을 자신의 수족처럼 부릴 수 있게 되었다. 초원의 유목민에게 말은 생명만큼이나 중요했다. 말을 타며 활을 쏘거나 올가미 밧줄을 던지는 기술, 말 등에 서서 달리는 기술 등을 완전히 익혀야 전사가 될 수 있었다. 이들 기술을 익히는 데 자무카의 존재는 큰 힘이 되었다.

테무진은 자무카와의 인연을 무척이나 소중하게 여겼다. 열한 살 때 테무진과 자무카는 첫 번째 맹약을 맺었다. 테무진은 자무카에게 놋쇠 조각을 박은 노루뼈를 주었고, 다음 해에는 삼나무로 만든 화살촉을 주었다. 몇 해 뒤 두 소년은 두 번째 맹약을 맺는다. 이번에는 서로의 몸에 상처를 내 그 피를 상대방에게 주는 의식을 치렀다. 말 그대로 혈

맹의 관계를 맺은 것이다.

테무진은 혼인 또한 인연의 고리를 확대하는 수단으로 사용했다. 그는 콩기라트 울루스에 속한 부르테와 결혼을 했다. 이때 테무진은 혼수품으로 받은 모피 코트를 케레이트 울루스의 수장인 옹 칸에게 바친다. 콩기라트 울루스는 중국과의 교역을 통해 경제적인 부를 누리고 있었는데, 테무진은 자신의 모피 코트를 옹 칸에게 바침으로써 자신과의 연대가 옹 칸에게도 의미가 있을 수 있음을 암시한 것이다. 이렇듯 온갖 정성을 기울여 인연을 맺어놓은 덕분에 테무진은 납치당한 아내를 되찾게 된다.

아직 세력이 미약하던 시절 메르키트 울루스는 테무진을 공격했고, 갑작스러운 공격에 당황한 테무진은 아내를 남겨두고 도망가는 길을 택했다. 사흘 동안 절치부심한 끝에 테무진은 아내를 되찾기로 결심한다. 이때 테무진이 찾아간 사람이 바로 옹 칸이었다. 옹 칸은 테무진을 돕기로 결심하고 뛰어난 지도자를 내주는데, 이 지도자가 바로 자무카였다. 테무진은 자무카의 도움으로 메르키트 울루스를 공격해 아내를 구해낸다.

이 사건이 일어난 직후 테무진은 자무카와 세 번째 맹약을 맺는다. 두 사람은 절벽에 서서 허리띠와 튼튼한 말을 교환했다. 이는 서로를 평생 버리지 않겠다는 의미가 담겨 있는 맹약이었다. 불행히도 자무카와의 이 맹약은 평생 지속되지는 못한다. 세 번째 맹약 이후 테무진은 자무카의 집단에 속해 자무카의 오른팔 역할을 했다. 하지만 자무카는 점차 테무진을 형제라기보다는 동생 취급을 하고 이를 견디다 못한 테무진은 집단에서 뛰쳐나와 자신의 세력을 규합하기 시작한 것이다.

홀로 선 테무진에게 인연을 소중히 여겨 승리한 경험은 크나큰 자산이 되었다. 테무진은 같은 씨족 집단을 우선적으로 발탁하는 기존의 관습을 무시했다. 부하들을 지켜보다가 능력 있는 이들을 직접 발탁했으며, 이들에게 책임을 나눠주고 중책을 맡겼다. 전쟁을 통해 얻은 노예를 자신의 아들로 삼은 것도 테무진만이 할 수 있는 행동이었다. 이는 인연의 중요성을 알고 있기에 가능한 일이었다. 이들 중 대표적인 인물이 바로 보오르추와 젤메. 보오르추와는 말 도둑을 함께 잡음으로써 처음 인연을 맺었다. 젤메는 아버지가 테무진에게 준 청년으로 그와는 어린 시절을 함께 보냈다.

자무카와의 인연이 끊어진 후 테무진은 이들 두 청년을 중용했고, 신분과 가족을 넘어선 그의 중용은 몇 배의 결실이 되어 돌아왔다. 젤메는 테무진의 인생에 있어 가장 극적인 신화를 만들어냈다. 한때 의형제였던 자무카와 전쟁을 벌이던 도중 테무진이 목에 화살을 맞고 쓰러졌는데, 이때 그의 곁에 머문 사람이 바로 젤메였다. 젤메는 상처에서 피를 빨아내고는 잠시 의식을 되찾은 테무진이 아이라크(발효시킨 말 젖)를 마시고 싶다고 하자, 적진에 홀로 들어가 아이라크를 가지고 올 정도였다.

자무카에게 줄곧 밀리던 테무진이 결국 자무카를 물리칠 수 있었던 것은 바로 이들 부하들의 힘 덕분이었다. 자신을 믿어주는 테무진을 위해 그들은 목숨을 걸고 싸웠으며, 이는 단순한 친족 집단으로 맺어진 다른 세력보다 훨씬 더 강한 힘을 발휘할 수 있었다.

한편 자무카와의 인연도 완전히 끝난 것은 아니었다. 테무진은 배반한 벗과의 인연 또한 소중하게 여겼다. 자무카를 사로잡은 테무진은 이렇게 말했다고 한다.

"우리 동무가 되자. 다시 힘을 합쳐 잊었던 일들을 서로에게 일깨워주자. 서로 잠에서 깨워주자. 그대는 멀리 있을 때에도, 나와 떨어져 있을 때에도 여전히 행운과 축복을 잃지 않은 나의 형제였다."

우정의 회복을 꿈꾸는 테무진에게 자무카가 전한 답변 또한 걸작이다. 자무카는 살아서는 벗이 될 수 없는 처지에 이르렀으니 죽은 뒤 혼령이 되어 테무진을 보호하겠다고 말한다.

"나를 죽여 내 뼈를 높은 곳에 놓아라. 내가 영원히 그대의 자손들을 보호할 것이며, 그들에게 복을 주겠다."

테무진은 자무카를 죽인 후 성대한 장례식을 치러준다. 그리고 자무카와 맺은 맹약을 기억하는 의미에서 그에게 받았던 허리띠를 함께 불태워 영원한 우정을 다짐한다. 자무카는 그렇게 보냈으나 보오르추, 젤메와의 인연은 놓지 않았다. 제국을 세운 테무진은 휘하 군대의 장군으로 두 사람을 임명한다. 두 사람은 이후 수십 년을 테무진 곁에 머무르며 자신의 모든 것을 바쳤다.

테무진, 즉 칭기스 칸은 잔인한 정복 군주로 악명을 떨쳤다. 그러나 사람을 대할 때 그는 전혀 다른 사람이었다. 한번 맺은 인연은 결코 잊지 않았으며, 그들이 평생 불편함 없이 살 수 있도록 모든 후원을 아끼지 않았다. 그들 또한 칭기스 칸의 호의에 온몸을 바쳐 충성함으로써 화답했다. 아버지를 잃고 홀로 버려진 소년 테무진이 칭기스 칸이 될 수 있었던 것은 사람을 중시하고, 그들에게 호의를 베풀며 인연을 만들어간 습관 때문이었다.

테무진의 습관이 지닌 파괴력을 현대적으로 보여주는 인물이 바로 조 지라드 Joe Girard다. 조 지라드는 자동차 판매에 있어 전설적인 실적을 자랑하는 인물이다. 15년간 1만 3,000대의 자동차를 판 경이적인 실적으로 12년간 기네스북에 등재되기까지 했다. 조 지라드의 성공 비결은 바로 한번 맺은 인연을 소중히 여기는 습관이다. 조 지라드는 자신을 찾은 고객들에게 정성을 다하려 애썼다. 보통의 판매사원들은 차 한 대를 팔면 그것으로 만족하지만 조 지라드는 달랐다. 그는 철저하게 고객의 입장에 서서 생각했다. 비싼 차를 권해야 자신에게 많은 수익이 남음에도 고객에게 가장 적당한 차를 권하는 것을 원칙으로 삼았다.

그뿐만이 아니었다. 차에 문제가 생기면 자신의 돈을 들여서라도 그

차를 고쳐주었다. 또한 달마다 자신을 통해 차를 산 고객 전부에게 직접 카드를 써서 보냈다. 그 카드에 빠짐없이 등장하는 문구가 하나 있었으니 그것은 바로 '나는 당신이 좋습니다'였다. 이렇듯 한번 맺은 인연을 소중히 여기니 고객의 입장에서도 감동하지 않을 도리가 없다.

 조 지라드의 고객은 대부분 그에게서 다시 차를 구매하며 심지어는 지인들에게 그를 소개시켜 주기도 했다. 조 지라드는 이러한 자신만의 영업 방식을 '250의 법칙'이라고 설명한다. 한 사람의 평균 인맥이 250명이니 한 사람과 맺은 인연을 소중히 여기면 250명을 얻을 가능성을 확보하게 된다는 뜻이다. 영업사원 가운데 그러한 사실을 모르는 이는 없다. 조 지라드가 그들과 다른 것은 머릿속으로만 인연을 중시한 것이 아니라, 실제 행동으로 그 인연을 탄탄하게 만들어나갔다는 사실이다.

 직장 생활을 하다 보면 자신에게 유익할 듯싶으면 친분을 유지했다가, 별로 연락할 일 없을 것 같다 판단되면 관계를 소홀히 하는 사람들이 많다. 그러나 사람의 일이란, 인연이란 앞으로 어찌 될지 누구도 장담할 수 없다. "사람의 인연은 생명처럼 소중하다"라는 옛 선현의 말을 유념해야 할 것이다.

책망하기보다는 포용한다

"오늘은 내가 아끼는 이들의 공을 기리기 위해 만든 자리다. 처벌은 온당하지 않다."
- 자신의 여인을 희롱한 부하를 색출하지 않은 장왕

'절영지회絕纓之會'라는 고사성어가 있다. 춘추시대 초나라 장왕의 고사에서 나온 말이다. 장왕은 투월초의 난을 평정한 뒤 공을 세운 신하들을 치하하기 위하여 성대하게 연회를 베풀고, 자신이 아끼는 여인들을 시켜 시중을 들도록 했다. 흥겨운 연회 도중 갑자기 거센 바람이 불어와 촛불이 모두 꺼져버렸다. 혼란스러웠던 그 순간을 채운 것은 한 여인의 비명 소리였다. 여인은 누군가 자기 몸을 건드렸으나 자기는 그 짧은 순간에도 그 사람의 갓끈을 잡아 뜯는 기지를 발휘했으니, 어서 불을 켜 그 사람을 확인하자고 외쳐댔다. 자신이 아끼는 여인이 희롱을 당했으니 장왕의 심사가 편치 않았을 것은 분명하다. 하지만 장왕은 뜻밖의 말을 한다.

"오늘은 내가 아끼는 이들의 공을 기리기 위해 만든 자리다. 처벌은 온당하지 않으니 내 명령을 내리겠다. 모인 자들은 모두 갓끈을 끊어 버리도록 해라."

그런 뒤에야 불을 켜도록 했으니 범인이 누구인지는 확인할 수 없었다. 자칫 피바다가 될 뻔했던 순간이 장왕의 너그러운 포용력으로 즐겁게 마무리될 수 있었다.

몇 해 뒤 초나라는 진나라와 전쟁을 벌였다. 그런데 유독 선봉에 나서서 맹활약을 하는 장수가 있었다. 장왕은 그를 불러 공로를 치하하고는 목숨을 아끼지 않고 열심히 싸운 이유를 물었다. 그의 대답은 이러했다.

"몇 해 전 여인을 희롱한 사람이 바로 저입니다."

절영지회는 남의 잘못을 관대하게 용서해주거나 남을 어려운 일에서 구해주면 반드시 보답이 따르는 것을 비유하는 고사성어로 사용된다. 한 사람의 목숨을 살린 관대한 선택이 결국은 나라를 구하는 결과를 나았던 것이다.

초 장왕의 관대한 포용력을 그대로 이어받은 이가 바로 송을 건국한 조광윤이다.

나라를 개국하기 위해서는 반대 세력을 모조리 없애는 것이 기본 상식으로 되어 있다. 대부분의 개국 군주가 그러했다. 하지만 모두 그와 똑같은 길을 밟은 것은 아니었다. 조광윤은 최소한의 살육만으로 천자의 자리에 올랐다.

조광윤은 천부적인 재능을 타고난 무인이었다. 대대로 이어진 무인

가문의 자손답게 어려서부터 말타기와 활쏘기 등에 있어서 독보적인 솜씨를 발휘했다. 두드러진 능력은 쉽게 돋보이는 법이다. 조광윤은 후한의 절도사 곽위의 눈에 들었고, 그의 곁에서 일하면서 후주 건국에 일익을 담당했다.

곽위에 이어 시영이 즉위했을 때도 조광윤의 처신에는 변함이 없었다. 그는 황제의 명령에 충심으로 복종했다. 후주가 고평에서 정복 전쟁을 벌일 때의 일이었다. 상대의 거센 공격에 당황한 번애능이 부하들을 버려두고 달아나버렸다. 뒷수습을 한 것은 바로 조광윤이었다. 조광윤은 왼팔에 화살을 맞아 중상을 입었지만 전장을 벗어나지 않았다. 그 덕분에 후주는 승리를 거둘 수 있었다. 고평 전투로 조광윤은 후주의 지휘관에 올랐다. 조광윤이 자신의 친위 세력을 양성한 것은 이 즈음이다. 그는 '의사십형제'라는 조직을 결성하고 우수한 인재를 끌어들였다. 훗날 조광윤을 황제로 옹립하는 이들이 바로 이때 뽑았던 인재들이었다. 하지만 조광윤은 그들을 압박하지 않았다. 시종 공평무사한 태도로 대할 뿐 그 어떤 야심도 보이지 않았다.

그의 신중하면서도 공평한 면모가 돋보이는 일화가 하나 있다. 조광윤이 성을 지킬 때의 일이다. 그의 아버지인 조홍은이 야간에 병사들을 이끌고 와 성문을 열어달라고 요청했다. 하지만 조광윤은 아침이 될 때까지 성문을 열어주지 않았다. 부자간의 의리보다 더 중요한 것이 한 나라의 원칙이었기 때문이다.

훌륭한 군주였던 시영이 요절하면서 조광윤의 위상은 달라지게 된다. 후계 구도를 둘러싸고 혼란이 거듭되자 부하들이 그를 황제로 옹립한 것이다. 이를 통해 우리는 부하들이 진심으로 조광윤을 존경했다는 사실을 알 수 있다. 부하들은 그가 거처하는 침소 앞에 무릎을 꿇고 조광윤이 황제에 오르기를 청했다. 하지만 조광윤은 거절했다. 자신은 황제의 재목이 아니라고 말하면서 말이다. 부하들은 뜻을 꺾지 않았다. 그러고는 직접 황포를 그에게 입혀주었다. 훗날 '황포가신黃布加身'이라 불리게 되는 사건이다. 그 뒤에 이어지는 조광윤의 발언이 의미심장하다. 황포를 입었으나 후주의 제왕은 여전히 건재했다. 그러므로 한바탕 살육전이 벌어져야 정상이다. 하지만 조광윤의 명령은 그와는 사뭇 다른 것이었다.

"황제와 태후를 해치지 마라. 후주의 대신들도 죽이지 마라. 약탈하지 마라."

부하들은 그의 말대로 행동했다. 황궁에 들어선 조광윤은 후주의 권력을 좌지우지하던 재상 범질을 불러 자신은 어쩔 수 없이 황제가 되었다고 말했다. 눈치 빠른 범질은 이 말의 의미를 곧바로 알아듣고 절을 올렸다. 범질이 고개를 숙이자 나머지 신하들과 황실 사람들도 조광윤을 황제로 받아들였다. 평화롭게 권력을 이양받은 조광윤은 새 나라의 건국을 선포했다. 중국 역사상 가장 문화가 발달한 나라로 여겨지는 송이 탄생한 순간이었다.

백성들 또한 조광윤을 자신들의 황제로 받아들였다. 수도에 입성한 군인들이 보여준 질서정연한 모습 때문이다. 한바탕 혼란을 각오했던 백성들은 뜻밖의 상황에 어안이 벙벙할 지경이었다. 하지만 질서 유지가 조광윤의 명령이었음을 듣고는 너나할 것 없이 새 황제의 편에 섰다.

　군인이었던 조광윤은 무혈 쿠데타로 황제의 자리에 올랐다. 그러나 역사가 보여주듯 개국보다 어려운 것이 수성이다. 개국 당시에는 한마음 한뜻이었던 이들이 자신들의 몫을 챙기기 시작하면 나라는 어지러워진다. 개국 후 반드시 한 번쯤은 유혈 사태가 일어나는 것이 역사에 있어서는 정석이 되다시피 했다. 하지만 이 정석 또한 조광윤에게는 해당되지 않았다. 물론 조광윤 또한 개국에 일조한 장군들을 그냥 두어서는 안 된다는 사실을 잘 알고 있었다. 어떤 식으로든 그들이 권력을 내려놓게 해야만 했다. 조광윤은 자신만의 방법으로 이 어려운 일을 해결했다. 그 방법은 그들 앞에서 상황을 솔직하게 이야기하고 협조를 구하는 것이었다.

　조광윤은 개국공신들을 위한 술자리를 마련했다. 술자리가 무르익었을 무렵 그들에게 속내를 털어놓았다.

　"나는 부하들의 추대로 황제가 되었다. 그러한 일들이 그대들에게 일어나지 말란 법은 없을 것이다."

　황제의 말은 명확했다. 부드러운 말이지만 그 속에는 권력을 내려놓

으라는 지엄한 명령이 담겨 있었다. 물론 황제의 명령을 거역할 수도 있었다. 하지만 조광윤과 개국공신들 사이에는 믿음이 존재했다. 지금껏 조광윤이 베풀어왔던 관용과 합리적인 면을 볼 때 개국공신들을 홀대하지 않을 것은 분명했다. 개국공신들은 자리에서 물러났고, 조광윤은 그들이 예상했던 대로 최고의 경제적 대우를 베풀었다. 권력만 없다 뿐이지 평생 풍족하게 살기에 부족함이 없는 조건이었다.

조광윤은 송나라 황실이 자신의 관용 정신을 대대로 이어가기를 바랐다. 그는 자신의 방에 비석을 세우고 세 가지 조목을 새겼다.

첫째, 후주의 황제였던 시 씨의 자손들을 보호하고 죄가 있더라도 용서해줄 것.
둘째, 사대부를 죽이지 말고 상소하는 이들에게도 해를 가하지 말 것.
셋째, 농민들을 아끼며 과다한 세금을 부과하지 말 것.

외부에 드러내도 전혀 문제가 될 것이 없는 조목들이었다. 오히려 황제에 대한 믿음이 강화될 수도 있는 조목들이었다. 하지만 조광윤은 황제들 말고는 아무도 이 조목을 알지 못하도록 단속했다. 새 황제가 즉위하면 내시 하나만을 거느리고 태묘를 참배하면서 이 조목들을 암송하는 것이 송의 관례가 되었다.

조광윤은 무인이었음에도 관용의 습관을 평생 실천한 사람이었다.

그렇다고 그가 만사를 좋게만 넘긴 것은 아니었다. 그는 계획을 세우고 집행하는 데 있어서도 철저했다. 송의 장래를 위협하는 요소가 생기면 지체 없이 칼을 댔다. 아쉽게도 조광윤은 천하통일을 목전에 두고 세상을 떠났으며, 후대 황제가 그 과업을 완수했다.

  송은 중국의 역대 제국 중 최약체 제국이다. 하지만 문인을 우대하고 살생을 자제하는 전통은 대대로 이어졌고, 그러한 기반 위에서 찬란한 문화를 꽃피웠다. 송은 정치적으로는 실패한 나라였다. 하지만 역대 찬란한 제국들의 자취가 사라진 지금도 송 시절에 꽃피웠던 문화들은 여전히 중국이라는 나라의 정신적 자양분 역할을 하고 있다. 관용을 중시했던 조광윤의 습관이 만들어낸 결과라 해도 과언이 아닐 것이다.

  장왕과 조광윤의 현대적 계승자는 바로 김인식 전 한화 감독이다. 2008년 북경 올림픽에서 9전 전승으로 우승을 거둔 대한민국 야구 대표팀은 2009년 위기에 봉착한다. 제2회 WBC를 맞아 제대로 된 코칭스태프와 선수 구성마저 하기 어려운 상황을 맞은 것이다. 불분명한 감독 선임 규정, 그리고 북경 올림픽 우승으로 높아질 대로 높아진 팬들의 눈높이에 대한 부담으로 감독들은 대표팀을 외면했고, 박찬호, 이승엽, 김동주 등의 주요 멤버들도 이런저런 이유를 들어 모두 대표팀에서 하차했다. 이렇듯 어려운 상황에서 대표팀을 맡은 이가 바로 김인식 감독이었다. 김인식 감독은 어려운 현실을 불평하지 않았다. 대신 그는 코칭스태프들을 불러 이렇게 강조한다.

"이왕 모였으니 잘해봅시다. 95점, 100점 맞는 선수를 모으는 것도 중요하지만 60점짜리 선수를 80점짜리 선수로 끌어올리는 것도 중요합니다. 60점, 80점, 혹은 90점짜리 선수들을 각자의 능력에 맞게 끌어올려 최선을 다하게 하는 것, 그것이 중요하다는 것입니다."

그는 선수들에게도 여유로움을 강조했다. 이기는 것이 중요하기는 하지만 상황에 맞게 대처하고 이해하는 야구를 하는 것도 중요하다고 설명했다. 그는 선수들을 다그치는 대신 친근하게 다가가 큰 형님처럼 행동했고, 선수들의 자부심을 키우는 데 더 많은 시간을 할애했다. 그는 자신의 야구 철학을 이렇게 설명한다.

"승부는 꼭 이겨야 한다고들 말합니다. 물론 이겨야 합니다. 하지만 중요한 것은 경기를 하면서 자신을 생각하고 상대를 생각하는 능력입니다. 그것이 바로 여유로움입니다. 몰아붙여서 승리하는 것은 단계로 치자면 낮은 것입니다. 나를 이해하고 상대방을 이해하는 것, 그것이 중요합니다."

그는 경기의 흐름을 중요시한다. 그것은 그가 '인간은 미래를 예측하는 쪽이 아니라 대응하는 쪽'이라고 믿기 때문이다. 이러한 믿음에 따라 그는 스타플레이어에 의존하기보다는 상황에 맞는 작전, 흐름에 거스르지 않는 작전을 주로 구사했다. 감독의 믿음은 선수들에게도 그대로 전달됐다. 선수들은 자신들을 비난하고 강압하기보다는 믿고 포용하는 감독 밑에서 자신들의 능력을 최대한 발휘할 수 있었다. 그 결과가 바로 WBC 준우승이라는 결실로 맺어졌다.

김인식 감독은 결코 강제하지 않는다. 그저 포용하고 수용할 뿐이다. 그러한 리더십이 선수들의 자발적인 참여를 이끌어냈다. 어쩌면 그는 장왕과 조광윤을 넘어서는 진정한 리더일지도 모르겠다는 생각마저 든다.

가까운 이에게서 배운다

"주변의 모든 사람이 돈을 원할 때
우정을 쌓기는 힘들지만, 빌은 나에게
컴퓨터를 판매하려 하지 않았고, 나는 그에게
사탕을 팔 생각을 하지 않았다."

- 워런 버핏이 빌게이츠와의 우정에 대해 한 말

　　세계 최고의 부자는 마이크로소프트를 창업한 빌 게이츠다. 그렇다면 세계에서 두 번째로 부자인 사람은 누구일까? 오마하의 현인으로 불리는 워런 버핏 버크셔 헤더웨이 회장이다. 두 사람의 공통점은 부자라는 사실 말고는 없어 보인다. 그러나 사실 두 사람은 절친한 친구 사이다.

　두 사람의 우정은 1991년 11월 워런 버핏이 캐나다 빅토리아섬으로 빌 게이츠를 초대하면서부터 시작됐다. 사실 평소 빌 게이츠는 워런 버핏을 돈밖에 모르는 사람이라 생각하고 있었기 때문에, 어머니의 권유에 못 이겨 마지못해 그 초대해 응했다고 한다. 그러나 실제로 그를 만난 후 빌 게이츠는 자신의 생각을 바꾼다.

　빌 게이츠는 자신과 워런 버핏 사이에 공통점이 많다는 사실을 알게 되었다. 빌 게이츠가 열두 살 때 처음 컴퓨터를 접했던 것처럼 워런 버핏 또한 열한 살 때부터 주식 투자를 시작했다. 부모가 부자가 아니라는 사실도 공통점이었다. 평범한 옷차림을 즐긴다는 것, 패스트푸드를 좋아한다는 것, 심지어는 아침을 먹지 않는다는 것도 같았다. 워런 버핏은 부자이기는 했지만 꾸밈이 없고 소탈하기 그지없는 인물이었다.

두 사람은 그 이후 친구가 되었다. 여행도 함께 다니며 사업상 고민도 주저하지 않고 털어놓았다. 빌 게이츠는 체리 코카콜라를 좋아하는 워런 버핏을 위해 함께 중국 여행을 갔을 당시 만리장성 위에 체리 코카콜라와 샴페인을 준비하는 이벤트를 벌이기도 했다. 두 사람이 우정을 맺게 된 것에 대해 워런 버핏은 다음과 같이 말한 적이 있다.

"주변의 모든 사람이 돈을 원할 때 우정을 쌓기는 힘들지만, 빌은 나에게 컴퓨터를 판매하려 하지 않았고, 나는 그에게 사탕을 팔 생각을 하지 않았다."

그러나 지금 이 두 사람에 대해 주목하는 것은 두 사람이 우정을 나누었을 뿐만 아니라, 서로에게서 장점을 배우는 관계를 만들어나갔기 때문이다. 빌 게이츠가 워런 버핏에게 배운 장점은 세상에 어떻게 기여할지 고민하는, 즉 기부하는 삶이었다. 빌 게이츠는 워런 버핏의 권유로 세계 빈곤 문제를 분석한 세계은행의 세계개발보고서를 읽은 뒤 자선사업의 중요성을 깨닫게 된다. 기부에 눈을 뜬 빌 게이츠는 심지어 사업보다도 기부에 더 노력을 기울였다. 청출어람이라 부를 만할 일이다.

이러한 빌 게이츠를 보고 워런 버핏 또한 감동을 받는다. 그러면서 세상 사람들을 놀라게 할 만한 결정 하나를 내린다. 자신의 재산 대부분을 빌 게이츠 재단에 기부하기로 한 것이다. 도널드 그레이엄 Donald Graham 워싱턴포스트 회장은 워런 버핏이 친구인 빌 게이츠를 진심으로 존경하고 있다는 사실이 잘 드러난 일이라고 설명했다. 스승에게만 배우는 것이 아니라, 가장 가까운 친구에게서도 배울 수 있음을 잘 보여주는 사건이다.

20세기 최고의 화가 피카소도 친구들을 통해 많은 것을 배운 사람이다. 피카소는 모차르트에 비견될 만한 신동이었다. 그는 어릴 적부터 그림 외의 다른 것에는 별다른 관심을 보이지 않았다. 말을 배우기 전부터 그림을 그리기 시작한 것은 물론이며, 그가 말한 첫 단어도 연필이었다고 하니 그림을 그리는 분야에 있어서는 재주를 타고났다고 볼 수 있다. 학교에 들어간 피카소는 일반적으로 천재가 밟았던 길을 밟았다. 그림 외의 여타 과목에는 전혀 재능을 드러내지 못한 것이다. 피카소의 노트와 책에는 온통 그가 그려놓은 그림뿐이었다.

그림과 함께 어린 시절을 보낸 피카소는 마드리드와 바르셀로나에서 그림을 배웠고, 마침내 모든 예술가들이 꿈꾸는 도시인 파리로 향했다. 파리의 생활은 피카소가 생각했던 것과는 조금 달랐다. 낭만의 도시 파리에도 빈곤은 존재했다. 피카소 본인의 경우도 예외는 아니었다. 그는 불어를 전혀 하지 못했고 이렇다 할 연줄도 없는 까닭에 작품을 팔 수도 없었다. 그런 그의 마음은 그림에 그대로 반영되었다.

그는 파리의 빈곤을 주제로 그림을 그렸다. 유명한 청색 시대가 시작된 것이다. 재미있는 것은 그가 이렇게 그린 그림들이 그에게는 명성과 부를 가져다주었다는 사실이다. 평론가들은 너나할 것 없이 그의 그림을 추켜세웠다. 태어날 때부터 신동이었던 피카소는 스무 살도 되기 전에 떠오르는 스타의 반열에 올랐다.

안정을 되찾자 그의 그림풍도 바뀌기 시작했다. 그는 서커스 공연장을 찾아다니며 그림을 그렸다. 이 시기를 장밋빛 시대라고 부르는 것에서 알 수 있듯 그가 그린 그림들은 예전보다 훨씬 따뜻한 느낌을 주었다. 파리는 젊은 천재를 홀로 두는 도시가 아니었다. 그의 명성이 높아짐에 따라 그의 곁에는 예술계의 유명 인사들이 몰려들었다. 피카소는 그들을 밀쳐내지 않았다. 그는 사람들과의 교제를 반기는 편이었다. 영리한 그는 사람들을 통해 무엇을 얻을 수 있는지를 잘 알았다. 그는 유명 인사들과의 교제를 통해 파리 문화계의 실상을 정확하게 알 수 있었고, 새롭게 떠오르는 예술 사조와 시대의 동향 또한 파악할 수 있었다.

이즈음 피카소가 가장 가깝게 지낸 사람은 바르셀로나 출신의 화가 카를로스 카사헤마스 Carlos Casagemas였다. 피카소는 그와 함께 살면서 많은 것을 얻었다. 그림에 대한 토론을 통해 작품의 방향을 잡은 것은 물론 새로운 친구들과 연인도 사귀었다. 가까운 벗을 통해 최상의 것을 얻어내는 피카소의 습관이 처음으로 드러난 순간이었다. 그러나 이내 불행이 찾아온다. 카사헤마스가 자살해버린 것이다. 그의 자살은 피카소에게 큰 충격을 주었다. 죽음 자체도 공포였지만 조력자를 잃은 아픔도 컸다. 이때의 아픔을 피카소는 〈인생〉이란 작품으로 승화시킨다.

이후 피카소의 작품은 새로운 면모를 보인다. 〈아비뇽의 처녀들〉이 이 시기의 대표작이다. 훗날 입체주의를 말할 때 빠짐없이 거론되는 작품이지만, 사실 이 시기에 입체주의가 완성된 것은 아니었다. 세잔, 마티스, 드가 등의 영향을 받아 그림을 그리기는 했지만 훗날 작품들에 비하면 어딘가 미완성인 느낌을 주는 구석이 있었다. 이 그림을 본 평론가들의 반응도 혹평 일색이었다. 하지만 피카소의 그림을 보고 무릎을 치며 감탄한 이가 있다. 그는 바로 프랑스 화가 조르주 브라크Georges Braque였다. 브라크는 〈아비뇽의 처녀들〉을 보았을 당시의 충격을 이렇게 표현했다.

"휘발유를 마시고 불을 뿜어내는 느낌이었다."

브라크는 피카소를 만났고 의기투합한 둘은 이내 공동 작업을 시작했다. 피카소에게 있어 브라크는 꼭 필요한 때 나타난 벗이었다. 절친한 벗을 잃은 지 얼마 되지 않은 데다가 〈아비뇽의 처녀들〉에 대한 평단의 냉담한 반응으로 혼란을 느끼고 있는 상황이었는데, 브라크 덕분에 피카소는 그러한 아픔을 극복하고 작업에만 매진할 수 있는 힘을 얻었다.

그 당시 피카소와 브라크는 쌍둥이 같았다. 둘은 하루 종일 함께 그림을 그렸고, 저녁이 되면 각자 그린 그림을 놓고 토론을 했다. 이때 만들어진 두 사람의 그림에는 사인이 없는데, 그들의 그림 풍이 놀랍도록 비슷해 전문가조차 구분할 수 없을 정도였다. 둘의 관심은 오직 입체주의의 완성에 있었을 뿐, 개별적인 개성의 발현에 있지 않았던 것이다.

사람들의 짓궂은 농담에도 둘은 당황하지 않았다. 자신들을 라이트 형제라고 부르며 둘의 관계를 옹호했다. 피카소는 자신의 생각을 하나도 빠짐없이 노트에 기록하곤 했지만, 이 기간에는 그 어떤 기록도 남기지 않았다. 노트에 무언가를 쓴다는 것은 자신과 대화를 하는 것이다. 하지만 그의 곁에는 늘 브라크가 있었으므로 굳이 무언가를 쓸 필요 자체를 느끼지 않았던 것이다.

하지만 관계란 깨어지기 마련이다. 몇 년 간의 공동 작업으로 입체주의의 기틀이 잡히자 둘의 사이는 조금씩 균열을 보이기 시작했다. 이제는 공동 작업보다 각자의 특질을 더 드러내는 방향으로 작업의 성격이 바뀌어갔다. 이런 여파의 탓일까, 둘은 오래간만에 각자 여행을 떠난다. 여행은 일시적으로 작업에 활기를 불어넣어 주었다. 홀로 여행하면서 얻은 영감들을 주고받는 것은 확실히 둘의 관계에 도움을 주었다. 하지만 그것은 일시적인 처방에 지나지 않았다. 쌍둥이처럼 비슷했던 둘의 그림도 이제는 확연히 달라져 있었다. 그것은 함께 작업할 이유가 사라졌음을 알려주는 신호탄이었다.

결국 몇 년 뒤 두 사람은 각자의 길을 가게 된다. 브라크가 제1차 대전에 참전한 것이 결별의 직접적인 이유였지만, 그런 일이 없었더라도 둘의 관계는 지속되기는 힘들었을 것이다. 둘의 결별에 대해 피카소는 훗날 이렇게 말했다.

"그 이후 나는 한 번도 브라크를 보지 못했다."

브라크와의 관계는 채 10년도 지속되지 않았다. 하지만 피카소는 훗날 그와 지낸 10년을 자신의 인생에서 가장 행복했던 순간으로 회상했다. 그와의 관계를 통해 정신적인 행복을 얻었을 뿐만 아니라, 공동 작업을 통해 입체주의를 완성했고 자신만의 독창적인 그림 세계를 완전히 확립했기 때문이다. 이후 그의 그림 세계는 흔들림이 없었다. 대가의 반열에 오른 피카소는 파리 문화계 인사들과 교류하며 자신의 명성을 더욱 드높였다.

물론 일시적인 흔들림을 겪을 때도 있었다. 그럴 때마다 피카소는 자신이 즐겨 쓰던 수단을 발휘했다. 그건 바로 새로운 사람을 만나 영감을 얻는 일이었다. 그 대상이 벗이 아니라 여자라는 사실이 이전과 달라졌을 뿐이다. 조금 심하게 말하자면 피카소는 가까운 상대에게서 자신이 원하는 최상의 것을 얻어낼 수 있는 능력을 지닌 인물이었다.

《유쾌하게 나이 드는 법》의 저자 로저 로젠브라트Roger Rosenblatt는 주위 사람들에게 항상 감사한 마음을 갖고, 그들에게 수시로 상담 받을 것을 권한다. 공자 또한 세 사람이 함께 길을 가면 그중에는 반드시 내 스승이 있다고 했다.

    세기의 대화가 피카소, 그리고 세계 최고의 부자인 빌 게이츠와 워런 버핏의 공통점은 바로 가까운 이들에게서 배우는 습관을 지녔다는 것이다. 주변을 돌아보자. 내 가까이 있는 사람들이 바로 내 성공에 커다란 도움을 줄 사람들이다. 필요한 것은 고개를 빳빳이 세우고 대립하는 것이 아니라 그저 다가가 그들에게서 배울 점을 찾는 자세일 뿐이다.

나아가고
물러서는
타이밍을 안다

"배를 돌려라."
이후 제임스 쿡 선장이 다시 한 번 남진을 명령했을 때,
최악의 상황에서 그들의 뜻을 존중해준 쿡의 명령을
선원들은 거스를 수 없었다.

- 남극권 탐사를 무사히 마친 쿡 선장의 리더십

  제임스 쿡(James Cook)이 선장의 자리에 오른 것은 기적 같은 일이었다. 농부의 아들로 태어난 그가 정규 교육을 받은 기간은 5년밖에 되지 않았다. 짧은 교육을 마친 그는 희망 없는 육지를 떠나 바다로 나가는 길을 선택한다. 그의 선택은 옳았다. 키잡이 일로 바다 생활을 시작한 쿡은 영국 해군에 입대해 지도 제작자의 길로 들어서게 되고, 그 과정에서 주위의 신망을 얻게 된다. 물론 틈날 때마다 공부를 게을리하지 않은 그의 지식욕도 성공에 한 몫을 했다.

 1768년 쿡은 마침내 탐사선 선장이 되었다. 그리고 곧 뉴질랜드와 오스트레일리아 동부 해안을 처음으로 발견하는 공을 세우게 된다. 기본적으로는 그가 유능했기 때문이겠지만, 농부의 아들을 세계 최고의 선장으로 이끈 배경에는 그만의 독특한 습관이 있다. 그건 바로 한 발 물러설 줄 아는 습관, 즉 이보 전진을 위해 일보 후퇴할 줄 아는 습관이었다.

쿡이 바다를 누비던 당시 선원들을 가장 괴롭히던 것은 괴혈병이었다. 괴혈병은 신선한 음식을 섭취하지 못하기 때문에 생기는 것이다. 지금이야 당연한 상식이지만 그 당시는 그러한 지식이 아직 자리 잡기 전이었다. 쿡은 새로운 지식을 받아들이는 것에 전혀 거부감이 없는 사람이었다. 그는 레졸루션호로 남극권을 항해하면서 양배추와 홍당무, 양파 같은 신선한 식품들을 배에 가득 채웠다. 하지만 문제는 선원들에게 있었다. 선원들은 자신이 믿는 생각을 좀처럼 바꾸지 못했다. 그들은 항해 때마다 먹던 전통적인 음식, 즉 소금에 절인 소고기 같은 음식 외에는 아무것도 먹지 않겠다고 고집을 부렸다.

쿡은 채소를 먹지 않는 사람들은 매로 다스리겠다는 엄명을 내렸다. 그럼에도 선원들은 좀처럼 채소를 먹으려 하지 않았다. 일종의 기싸움이 벌어진 것이다. 보통의 선장이라면 더 강한 권위로 그들을 제압하려 했을 것이다. 그러나 쿡의 방법은 달랐다. 쿡은 채소를 먹지 않는 선원들을 그냥 내버려 두었다. 그러고는 그 채소를 자신을 비롯한 지휘 라인에 속한 사람들끼리만 나눠 먹었다. 집단적인 차별이라는 느낌을 주도록 해버린 것이다. 쿡의 작전은 즉시 효과를 봤다. 기분이 상한 선원들은 너나할 것 없이 채소를 요구했다. 덕분에 쿡은 강요 없이도 선원들에게 채소를 먹이려던 원래의 목적을 달성할 수 있었다. 다그치기보다는 한 발 물러설 줄 아는 리더십이 빛을 발했다.

쿡의 배와 함께 출항했던 어드벤처호의 선장 토비아스 퍼노가 저질

렀던 어리석은 행동은 쿡의 신중한 행동과 극적인 대비를 이룬다. 퍼노는 전통적인 식량만 싣고 항해를 했던 것이다. 그는 결국 괴혈병으로 선원들을 잃었다. 원래는 남극권 항해에 동행해야 했지만 뉴질랜드에 정박하는 것으로 계획을 바꿔야만 했고, 원주민들에게도 습격을 당해 선원들을 잃는 바람에 영국으로 조기 귀환해야 하는 아픔을 겪었다.

  쿡이 준비했던 것은 신선한 채소만은 아니었다. 그는 남극의 칼날 같은 추위에도 철저하게 대비했다. 석탄과 옷가지들 또한 부족함 없이 준비했는데, 이는 미지의 장소에서 겪게 될지도 모르는 최악의 경우를 상정한 쿡의 준비성을 보여주는 것이다. 그 과정에서 쿡은 영국 해군에게 협조를 구했고 심지어는 사이가 좋지 않았던 해양학자 달림플Alexander Dalrymple과도 의견을 교류했다. 쿡에게 중요한 것은 목표를 이루는 일이었으므로 사소한 갈등 같은 것은 문제 삼지 않았다.

  그토록 완벽하게 준비를 했지만 남극권은 항해하기에 너무도 어려운 곳이었다. 추위도 문제였지만 수시로 나타나는 빙산과 안개 또한 문제였다. 올바른 방향을 잡기도 쉽지 않았고, 미지의 땅에 들어섰다는 두려움도 선원들을 괴롭혔다. 쿡은 선원들을 독려해가며 천천히 앞으로 나아갔다. 그러나 선원들은 마지못해 끌려갈 뿐이었다. 괴물의 입속으로 들어가는 듯한 불길한 예감이 그들을 엄습하고 있었다. 이때 쿡은 그 누구도 예상하지 않았던 명령을 내린다.

"뉴질랜드로 방향을 돌려라."

대부분은 쿡의 결정에 찬성했지만 연구원들 일부는 반발을 했다. 하지만 쿡은 그 반발에 괘념치 않았고, 안전한 뉴질랜드에 들어선 뒤에야 자신의 진심을 밝혔다. 쿡은 남극권 항해를 포기한 것이 아니었다. 다만 겨울에 남극권을 항해하는 것은 너무도 위험하니 봄이 올 때까지 쉬면서 다음 항해를 준비하려 한 것이다. 쿡의 생각이 어떠했든 선원들은 긴장에서 벗어나 재충전의 기회를 얻을 수 있었다. 날이 풀리자 쿡은 비로소 재항해를 명령했다. 선원들도 이전보다는 훨씬 더 의욕에 찬 행동을 보임으로써 쿡의 기대에 부응했다. 그렇지만 남극권은 여전히 의욕만으로 항해하기에는 난관이 너무 많은 곳이었다. 빙산의 출몰이 잦아지자 그의 부관들은 조심스럽게 뱃머리를 돌릴 것을 건의했다. 쿡은 그들의 의견을 받아들이지 않았다. 얼음 너머에는 육지가 있을 것이니 조금만 더 가보자고 그들을 설득했다.

말이 설득이었지 사실은 명령이었다. 배 안의 그 누구도 선장의 뜻을 거스를 수는 없었다. 쿡이 그런 결정을 내린 데에는 이유가 있었다. 펭귄과 갈매기 떼가 출몰하고 있었기 때문이었다. 땅도 없는데 그들이 산다는 것은 상식적으로 납득이 가지 않는 일이었다. 배는 며칠 더 전진했다. 선원들의 사기는 바닥까지 떨어져 있었다. 그때 쿡은 새로운 명령을 내린다.

"배를 돌려라."

쿡은 선원들의 안전이 가장 중요하다는 말로 배를 돌리는 이유를 설명했다. 이유야 어찌되었건 선원들로서야 반대할 이유가 없었다. 하지만 배를 돌리는 것, 그것은 쿡의 진심이 아니었다. 어느 정도 안전한 곳에 다다르자 쿡은 다시 한 번 남진을 명령했다. 최악의 상황에서 그들의 뜻을 존중해준 쿡이 내리는 명령이므로 선원들은 거스를 수 없었다. 결국 그는 영구빙 한계선까지 배를 이끌고 간 후에야 기나긴 남극권 탐사를 마쳤다.

쿡은 지혜로운 선장이었다. 단번에 목적지까지 도달하기 위해 선원들을 다그쳤다면 그의 탐사는 실패로 돌아갔을 것이다. 쿡은 선원들의 심리를 정확하게 읽었다. 그들의 인내가 극에 달했을 때는 한 발 물러서는 방법을 택했다. 그럼으로써 결국에는 그가 원하는 것을 얻어냈다. 수많은 탐험가가 있지만 캡틴이라 불리는 이는 바로 그, 쿡 선장뿐이다. 사람들이 그를 캡틴 쿡이라고 부르는 데에는 그의 치밀한 전략이 숨어 있었다.

제임스 쿡의 사례는 사실 마케팅 원칙 중의 하나인 일보후퇴 이보전진 전략과 관계가 있다. 이 전략은 처음에는 과도한 것을 요구하다가 상대가 반발하면 슬며시 물러나 처음보다 작은 것을 요구하는 전략이다. 요구를 거절하기는 했으나 찜찜한 마음을 가지고 있던 상대방이 처음보다 작은 요구는 비교적 흔쾌히 들어주는 심리를 이용한 전략이다. 쿡 선장이 현대 마케팅 원칙을 알았을 리는 없다. 하지만 그는 처음에는 강하게 나가다가 양보를 함으로써 상대가 빚진 느낌이 들게 만들었고, 결국 그 심리를 활용해 자신의 최종 목표를 달성할 수 있음을 알았다.

이와 관련된 재미있는 사례 중에 '백지위임 전략'이 있다. 기아 타이거즈의 최희섭은 2009년 연봉 협상에서 백지위임 전략을 택했다. 그의 변은 이러했다.

"지난 시즌 성적이 좋지 않아 일찍부터 구단에 백지위임을 하려고 마음먹었다. 성적이 좋지 않았기 때문에 연봉에 대해서는 아쉬움이 없다. 앞으로는 구단과 나 자신의 명성을 다시 휘날릴 수 있도록 좋은 모습을 보여주겠다."

기아 타이거즈는 최희섭의 연봉을 3억 5,000만 원에서 1억 5,000만 원(42.9퍼센트) 삭감된 2억 원으로 책정했고 최희섭은 말없이 이에 승복했다.

그렇다면 2010년 연봉 협상은 어떻게 되었을까? 최희섭은 2억 원에서 100퍼센트 인상된 4억 원에 재계약을 마쳤다. 기아는 내심 3억 5,000만 원 정도를 생각했지만, 백지위임까지 해가며 물의를 일으키지 않고 구단에 자신의 처분을 맡겼던 최희섭의 심정을 고려해 결국 양보할 수밖에 없었던 것이다. 최희섭 또한 결정적 순간에 한 발 양보함으로써 결국 자신이 원하는 것을 얻어낸 셈이 되었다. 일보 후퇴의 습관이 이보 전진의 결과를 가져온 것이다.

  조금만 더 가면 고지인데, 하는 조급한 마음을 잠시 내려놓을 수만 있다면, 그냥 밀어붙였을 때보다 훨씬 더 좋은 결과를 얻게 된다. 이것을 아는 이가 인생의 고수이다.

불가능은
없다고 믿는다

"전문가들은 우리가 할 수 없을 것이라고 했다.
그러나 우리 옆에 있는 것은 열흘 만에 진수된 배이다.
하느님과 우리 노동자의 재능이 합쳐져
만들어낸 기적이다."
- 헨리 카이저

지금은 낯선 이름이 되었지만 헨리 카이저Henry Kaiser는 불가능은 결코 존재하지 않는다는 사실을 늘 굳게 믿으며 살았던 인물이다. 그는 제2차 대전 당시 미국과 영국 사이를 오갔던 수송선 리버티를 만들어 자신의 이름을 세상에 알렸다. "리버티의 행렬이 없었더라면 영국은 전쟁에서 패배했을 것"이라고 한 처칠의 말은 과장이 아니었다. 수송선 리버티는 전황 자체를 바꾸어버렸다. 카이저는 독일이 부수는 속도보다 더 빨리 리버티를 건조해냈고, 이는 영국을 버티게 하는 동력을 제공했다.

그런데 놀라운 것은 헨리 카이저가 리버티 건조 전에는 단 한 척의 배도 만들어본 적이 없다는 사실이다. 그럼에도 헨리 카이저는 조금의 주저도 없이 조선업에 뛰어들었고, 결국 모두가 불가능하다며 고개를 저었던 일을 현실로 이루어냈다.

1940년 영국은 독일 잠수함으로 인한 피해를 보충하기 위해 미국에 수송선 건조를 요청한다. 미국은 딜레마에 빠졌다. 루스벨트는 자국의 상황도 어려운데 영국을 먼저 생각한다는 비난을 들을까 봐 두려웠다. 고심 끝에 그는 헨리 카이저를 책임자로 선정했다. 헨리 카이저는 건설업에 종사하던 사람으로 도로나 댐 공사 경력은 많았으나 조선업 경력은 전무했다. 루스벨트는 자국의 선박 제작이 지장을 받지 않도록 하기 위해 일부러 카이저를 선정한 것이다. 그렇다고 무능력한 사람을 책임자로 고른 것은 아니다. 카이저는 불굴의 추진력을 갖춘 인물로 공기를 단축하는 데에는 일가견이 있었다.

 카이저는 일을 수락한 후 리치몬드와 포틀랜드 두 곳에 조선소를 건립했다. 1941년 4월, 리치몬드에서는 처음으로 배의 용골을 세웠고, 4개월 후에는 오션뱅가드호를 진수했다. 포틀랜드에서도 동시 작업이 이루어졌다. 5월에 용골을 세운 뒤 9월 말 스타오션호를 진수한 것이다. 시험 단계인 이 과정을 통해 카이저는 조선업에 대한 감을 익혔고, 전국에서 숙련공을 선발해옴으로써 본격적인 생산 단계에 돌입했다. 이후 카이저는 믿기지 않는 작업 속도로 배를 만들어낸다. 원래의 도급 계약에는 150일 내에 선박을 인도하도록 되어 있었지만, 카이저는 포틀랜드에 10일 만에 완성하도록 명령했다. 전시 기준이 60일인 것을 감안해도 너무나 무리한 요구이다. 그러나 카이저에게 불가능은 없었다. 포틀랜드는 10일 후 배를 완성해냈다. 그러나 이것은 시작에 불과했다. 기자 한 명이 10일 기록이 얼마나 오래 유지될지를 물었다.

카이저는 곧 깨질 것이라고 응답했다. 그의 말대로 리치몬드에서는 용골 완성 후 4일 15시간 만에 배를 띄우는 데 성공했다.

물론 5일 진수 기법을 전 조선소에서 공히 사용한 것은 아니었다. 카이저가 5일 진수 기법을 통해 보여주고 싶었던 것은 할 수 있다는 자신감이었다. 10일 만에 배를 진수한 뒤 행한 그의 연설에서도 그 점은 잘 드러난다.

"전문가들은 우리가 할 수 없을 것이라고 했다. 그러나 우리 옆에 있는 것은 열흘 만에 진수된 배이다. 이 배는 우리의 동맹국과 우리 군인들에게 보낼 화물을 수송할 것이다. 하느님과 우리 노동자의 재능이 합쳐져 만들어낸 기적이다."

카이저는 전쟁 기간 내내 항공모함과 유조선 등을 포함한 1,490척의 배를 건조해냈다. 하루 한 척 이상 건조해낸 셈이다. 누군가 공기 단축에 열을 올리는 카이저에게 이렇게 말했다고 한다.

"로마는 하루아침에 이루어진 것이 아닙니다."

이에 대한 카이저의 답변이 걸작이다.

"그것은 내가 로마에 없었기 때문입니다."

자신의 능력에 대한 무한한 신뢰, 그리고 불가능은 없다고 믿는 습관이야말로 조선왕 카이저를 만들어낸 제일의 비결인 것이다.

쿠바 혁명의 영웅 체 게바라 또한 불가능을 믿지 않는 습관을 지닌 사람이었다. 혁명의 공로를 인정받아 중앙은행장이 된 그는 공산주의의 이상을 실현하기 위해 동분서주했다. 그는 쉰다는 말 자체를 모르는 사람이기도 했다. 그에게는 휴일도 없었고, 밤도 없었다. 직원들은 언제 떨어질지 모르는 그의 명령을 기다리며 새벽까지 대기하기 일쑤였다.

물론 그의 개혁이 성공적이었던 것은 아니다. 화폐 철폐를 꾀하는 그의 급진 정책은 사람들의 반발을 불러일으켰고, 경제는 급격하게 추락했다. 비록 실패를 맛보기는 했어도 그는 여전히 영웅이었다. 사람들은 사탕수수밭에서 노동자들과 함께 일하며, 환한 얼굴로 시가를 입에 무는 그의 천진한 미소를 사랑했다.

쿠바에 머문다면 그의 앞날은 탄탄대로나 다름없었다. 그렇지만 그 순간 그는 그 누구도 예상하지 못한 결정을 내린다. 무장투쟁이 벌어지던 콩고와 볼리비아로 가 게릴라전을 벌이기로 결심한 것이다. 그 즈음 그는 아버지에게 보낸 편지에서 자신을 말라비틀어진 늙은 말에 비유한다. 중요한 것은 그 다음이다. 비록 말라비틀어졌지만 다시 떠나야 한다고 적었다. 그는 편안한 노후보다는 전쟁터에서의 죽음을 선택한 것이다. 일견 무모해 보이는 선택이지만 그가 한 다음의 말을 보면 그의 심정을 충분히 이해할 수 있다. 이는 유명한 경구이기도 하다.

"우리 모두 리얼리스트가 되자. 그러나 가슴 깊은 곳에서는 불가능한 꿈을 꾸자!"

불가능을 믿지 않는 것을 넘어서 아예 불가능한 꿈을 꾸는 것, 어쩌면 역설적이기도 한 이 말이 체 게바라의 일생을 이끌었던 가장 중요한 습관이었다.

체 게바라는 아르헨티나 태생의 의사 지망생이었다. 하지만 졸업 후 떠난 남미 여행이 그의 일생을 바꾸어놓았다. 오토바이 한 대로 돌아다니며 그가 본 남미는 비참 그 자체였다. 미국이 실권을 휘두르고 있었지만 미국은 자국의 이익에만 충실할 뿐 남미 사람들을 위한 삶의 개선 따위에는 눈도 돌리지 않았다.

체 게바라는 혁명을 꿈꾸었고, 그 혁명의 길을 구체적으로 만들어준 사람은 바로 피델 카스트로였다. 쿠바 출신 변호사 카스트로는 쿠바 해방을 위한 유격대원을 모집 중이었다. 체 게바라는 주저 없이 카스트로의 유격대에 합류한다. 사실 그것은 계란으로 바위를 치는 것보다 더 무모한 계획이었다. 쿠바 해안에 상륙했을 당시 유격대원의 숫자는 80명에 지나지 않았다. 하지만 그들은 포기할 줄 몰랐다. 농민들을 포섭해 유격대원으로 끌어들였고, 주민들에게는 공산주의 사상을 주입해 그들의 지지자로 만들었다. 그 과정에서 체 게바라는 매우 중요한 역할을 수행한다. 반역자를 잡은 즉시 총살을 하는 비인간적인 역할이었다. 충분히 꺼릴 만한 일이었지만 그에게 중요한 것은 혁명의 완수라는 꿈이었다. 그렇기에 그는 총을 뽑는 일에 조금의 주저도 없었다.

1959년 마침내 체 게바라의 꿈은 이뤄졌다. 카스트로는 유격대원들을 이끌고 수도인 아바나를 점령했고, 이를 계기로 쿠바에는 새로운 정부가 들어서게 되었다. 체 게바라는 명예 쿠바 시민의 대우를 받았다. 잘생긴 용모에다 절제와 금욕의 태도까지 갖춘 그는 쿠바 혁명의 아이콘이나 마찬가지였다. 하지만 꿈을 이루었다 싶은 그 순간 체 게바라는 또다시 새로운 꿈을 향해 도전한다.

 새로 도전한 꿈도 이루기 쉽지 않은 꿈이었다. 콩고에서 체 게바라는 총도 제대로 쏘지 못하는 군인들을 이끌고 전투를 치러야 했다. 아무리 체 게바라라도 그런 군인들을 데리고 승리를 거둘 수는 없었다. 결국 그는 참담한 패배를 맛본 채 퇴각하고 만다. 모두들 그의 도전은 그것으로 끝났다고 여겼다. 체코슬로바키아로 여행을 떠난 그를 보며 사람들은 더욱 그렇게 확신하는 듯했다. 하지만 그것으로 끝이 아니었다. 기력을 회복한 그는 또 다른 꿈에 도전한다. 공산주의자들이 게릴라전을 벌이고 있는 볼리비아로 날아간 것이었다.

 체 게바라는 56명의 유격대원들과 함께 볼리비아 밀림으로 갔다. 시도는 과감했지만 성공하기 힘든 싸움이었다. 현지의 공산주의자들조차 그에게 협력하지 않았다. 그는 길조차 낯선 밀림 속에서 사투를 벌여야 했다. 볼리비아 사람들은 그들을 지지하기는커녕 두려워했다. 괜스레 그들 편을 들었다가 더 큰 화를 당할까 싶은 것이다. 정부가 체 게바라의 목에 현상금을 걸자 주민들은 노골적으로 그의 위치를 정부군에 알리기 시작했다. 사면초가였다. 그래도 그는 포기하지 않았다.

그의 일기장에는 다음과 같은 구절이 있다.

"나는 삶을 떨쳐버릴 수 없는 습관처럼은 살고 싶지 않다."

그랬다. 머물러 있는 것은 그에게 죽는 것과 다를 바 없었다. 그러므로 절체절명의 위기 속에서도 그는 부하들을 이끌고 계속해서 밀림 속을 누볐던 것이다.

그렇게 체 게바라는 최후의 순간을 향해 달려갔다. 볼리비아 군의 매복에 걸렸을 때 그의 곁에는 단 여섯 명의 대원밖에 남아 있지 않았다. 그는 죽음마저도 자신의 꿈을 이루기 위한 수단으로 삼고자 했다. 자신을 죽이려는 볼리비아 병사에게 평소와 달리 비굴하게 살려달라고 부탁했다. 하지만 그가 노린 것은 정식 재판이었다. 재판 과정을 통해 자신의 신념을 알릴 수 있다고 생각했기 때문이다. 하지만 그의 의도를 눈치 챈 볼리비아는 그를 잔인하게 죽여버렸다.

체 게바라는 죽었지만 오늘날까지 여전히 추앙받고 있다. 자신의 꿈을 위해 모든 것을 버리고 밀림으로 날아간 남자는 젊은이들의 우상이 되었다. 철저한 공산주의자였던 그는 오늘날 역설적으로 자본주의 진영에서 더 큰 인기를 누리고 있다. 그것은 사상보다 더 강력한 것, 즉 불가능을 믿지 않고 심지어 불가능을 가능으로 만들기 원했던 그의 꿈 때문이다.

호기심이 시키는 대로 한다

"저에게 침팬지는 호기심의 정신을 일깨워주는 마스코트입니다."
- 경영 컨설턴트 짐 콜린스

《좋은 기업을 넘어서 위대한 기업으로》의 저자 짐 콜린스Jim Collins의 연구소 입구에는 '침팬지의 일터'라는 간판이 붙어 있고, 연구실 안에는 《호기심 많은 조지Curious George》에 등장하는 침팬지 인형이 있다. 짐 콜린스가 침팬지를 연구소의 상징으로 택한 이유는 단 한 가지다.

"저에게 침팬지는 호기심의 정신을 일깨워주는 마스코트입니다."

짐 콜린스가 단지 말로만 호기심을 강조하는 것은 아니다. 그는 처음 만나는 이에게 온갖 질문을 퍼붓기로 유명하다. 그의 컨설팅 방법 또한 마찬가지다. 그는 질문을 받기보다는 질문을 하는 방식을 택한다. 상대방의 호기심을 일깨워 스스로 문제 해결의 고리를 찾을 수 있도록 돕는 것이다. 짐 콜린스는 여러 종의 베스트셀러를 집필하고, 많은 이들이 찾는 경영 컨설턴트로 자리잡을 수 있었던 비결로 '호기심이 시키는 대로 하는 습관'을 가장 먼저 든다.

물론 호기심이 시키는 대로 하는 습관을 지닌 이는 짐 콜린스뿐만이 아니다. 우리가 너무도 잘 아는 갈릴레오 갈릴레이 또한 호기심 하면 빼놓을 수 없는 인물이다. 베네치아에서 30킬로미터 떨어진 파두아 대학 교수 갈릴레이는 괴짜 중의 괴짜였다. 지금도 그렇지만 당시 대학 교수들 또한 상아탑 안에 머물며 이상과 진리를 설파하는, 현실과는 다소 동떨어진 인물들이었다. 그러나 갈릴레이는 달랐다.

궁금한 것은 참지 못하는 습관을 지닌 갈릴레이에게 세계 최고 수준을 자랑하는 베네치아의 병기창은 지식이 살아 숨쉬는 현장이나 마찬가지였다. 날마다 저녁 무렵이면 그는 대학보다는 병기창 근처에 있을 때가 더 많았다. 그곳에서의 갈릴레이는 근엄한 대학교수가 아니라 호기심에 가득 찬 탐험가였다. 병기창 이곳저곳을 다니며 새로운 기계장치를 관찰하고, 그림으로 그려 기록으로 남긴 후, 노동자에게 다가가 작동 원리를 캐물었다. 병기창에서 일하는 사람치고 갈릴레이를 모르는 사람은 아무도 없을 정도였다.

갈릴레이의 호기심은 거기서 그치지 않았다. 갈릴레이는 여행객들과의 만남도 무척 중시했다. 그들을 통해 최신 정보를 입수할 수 있었기 때문이다. 대부분 갈릴레이도 익히 알고 있는 것들이었지만, 그중에는 정말로 깜짝 놀랄 만한 정보도 있었다.

네덜란드의 안경 상인이 만들었다는 망원경에 대한 이야기를 전해 들었을 때도 마찬가지였다. 여행객들은 흐릿하게나마 물건을 확대해 보여주는 망원경의 성능이 워낙 시원치 않아 아이들 장난감에 지나지 않는다는 사실도 덧붙였다. 망원경에 대한 소식을 미리 접한 바 있는 학자들의 생각도 그와 다르지 않았다. 심지어는 망원경을 불경하게 생각하는 이들도 적지 않았다. 물체를 실제보다 더 크게 보이도록 하는 물건, 그것은 사람들의 마음에 나쁜 환상을 심어줄 우려가 있기 때문이다. 망원경이 불러오는 심리적 효과 따위는 안중에도 없는 갈릴레이는 망원경의 원리를 이용하면 무언가 재미있는 걸 만들어낼 수 있겠다는 영감만이 반짝였다.

다음날부터 갈릴레이는 망원경 제작에 몰두했다. 실무적인 기술에 능한 그에게 망원경 제작은 크게 어려운 일이 아니었다. 그는 장난감 수준의 망원경을 실용적인 물건으로 만들기 위해서는 특수 렌즈를 제작해야 한다는 사실을 간파했다. 그는 제작에 필요한 렌즈를 직접 구해와 깎았다. 몇 번의 시행착오 끝에 드디어 아홉 배로 확대해 볼 수 있는 망원경 제작에 성공했다.

갈릴레이는 감이 빠른 사람이기도 했다. 그는 자신이 새로 만든 망원경이 돈이 된다는 사실을 깨달았다. 그는 극적인 방식으로 자신의 망원경을 베네치아의 국정을 좌지우지하는 이들에게 소개했다. 종탑 꼭대기로 그들을 불러 모은 후 32킬로미터 떨어진 파두아 성당을 망원경을 통해 보게 한 것이다. 그날 망원경을 처음 접한 이는 이런 기록을 남겼다.

우리들은 한쪽 눈을 망원경에 대고 다른 쪽 눈을 감았다.…… 파두아의 성 유스티니아누스 성당의 정면과 종탑이 보였다. 성 야콥 성당에 드나드는 사람들도 알아볼 수 있었다. 사람들이 곤돌라를 타고 내리는 것, 간석지와 도시의 다른 부분들도 볼 수 있었다. 실로 놀라운 일이었다.

베네치아는 즉시 망원경을 도입하기로 했다. 덕분에 갈릴레이는 종신직의 보장과 함께 두 배의 봉급 인상을 대가로 받았다. 꽤 괜찮은 성과였다. 하지만 이는 시작에 불과했다. 호기심에 불타 오른 갈릴레이는 망원경의 성능 개선에 심혈을 기울였다. 그는 계속해서 새로운 망원경을 만들어냈고, 아홉 배 확대 가능했던 망원경은 이제 대상을 천 배까지 확대해 볼 수 있는 기기로 바뀌었다.

망원경을 가지고 갈릴레이가 한 일은 하늘을 보는 일이었다. 그는 가장 먼저 달을 들여다보았다. 육안으로 볼 때의 달 표면은 매끈했지만 망원경으로 보니 전혀 그렇지가 않았다. 달 표면은 거칠고 울퉁불퉁했는데 그것은 바로 수많은 언덕과 골짜기가 표면을 채우고 있었기 때문이다. 어떤 언덕은 높이가 무려 7,000미터에 이르렀다. 갈릴레이는 달의 표면이 지구의 표면과 하등 다를 것이 없다는 결론에 도달했다.

갈릴레이의 멈출 줄 모르는 호기심은 이번에는 목성으로 눈을 돌리게 했다. 목성은 더욱더 놀라웠다. 목성의 곁에는 네 개의 별이 있었는데 그 별들은 일정한 주기로 목성 주위를 돌고 있었다. 그 당시는 지구가 태양 주위를 돈다는 코페르니쿠스의 이론을 아무도 믿고 있지 않을 때였다. 갈릴레이는 자신의 관찰 결과를 바탕으로 목성의 위성이 목성 주위를 돌듯이, 지구의 위성인 달도 지구의 주위를 돌며, 지구 또한 태양 주위를 돈다는 결론을 내렸다.

그의 관찰은 계속해서 이어졌다. 그는 은하수가 별들의 무리라는 사실을 발견했으며, 금성의 위치 추적을 통해 코페르니쿠스의 이론에 결정적인 근거를 제공했다. 또한 태양의 흑점 관찰을 통해 태양 또한 자전한다는 사실까지 밝혀냈다. 그는 자신이 관찰한 것들을 종합해 책으로 펴냈다. 그러고는 그 자료들을 케플러에게 보내 그의 지지를 끌어냈다.

하지만 이 행위로 그는 이단으로 몰리고 종교재판소 법정에 서게 된다. 갈릴레이로서는 이해할 수 없는 일이었다. 그는 자신이 두 눈으로 관찰한 것을 사람들에게 알렸을 뿐이었다. 그러나 그 당시 사람들은 다른 견해의 존재 자체를 납득하기 어려운 이들이었다. 아무리 확실한 근거를 갖고 설득해도 통하지 않은 것은 당연하다. 결국 갈릴레이는 학자로서는 불명예라 할 수 있는, 자신의 학설을 포기하고 1년의 감옥 생활을 선고받는다.

그러나 그것으로 끝은 아니었다. 갈릴레이는 자신의 학설을 담은 새로운 책을 썼으며, 그 책을 비밀리에 출판하는 데 성공했다. 오늘날 최후의 승자가 누구인지 이야기할 필요는 없을 것이다.

  넘치는 호기심을 억제하지 못해 마침내는 딱정벌레를 삼키고 만 과학자도 있다. 찰스 다윈, 그는 어릴 적부터 호기심이 충만한 사람이었다. 특히 딱정벌레에 대한 호기심이 굉장했다. 어느 날 집 근처의 숲속에서 여태껏 수집하지 못했던 희귀한 딱정벌레 한 마리를 발견한 다윈은 주저 없이 따라갔다. 딱정벌레는 도망치려 애썼지만 집요한 다윈의 손길에서 벗어날 수는 없었다. 딱정벌레 두 마리를 성공적으로 포획하고 기뻐하는 다윈의 눈에 또 다른 딱정벌레가 눈에 띄었다. 그런데 문제가 하나 있었다. 다윈이 잡은 딱정벌레 종류는 크기가 너무 커서 한 손에 한 마리씩밖에 쥘 수가 없었던 것. 다윈이 어떻게 했을까? 그는 주저하지 않고 새로 잡은 딱정벌레를 입 안에 넣었다. 그러고는 재빨리 집을 향해 달려갔다. 물론, 딱정벌레를 입 안에 넣는 것이 괜찮았을 리는 없다. 다만 딱정벌레를 향한 그의 호기심이 혐오감보다 훨씬 더 컸을 뿐이다.

  호기심이 시키는 대로 하는 습관의 결과를 우리는 너무도 잘 알고 있다. 갈릴레이와 다윈이 남긴 불멸의 업적이 바로 그 습관의 가장 훌륭한 결과다. 새로운 것을 접해도 무딘 표정으로 넘겨버리지 않고, 눈빛을 반짝이며 앎의 욕구가 샘솟는 자만이 세상에 유의미한 무언가를 만들어낼 수 있다.

여행을 통해 발전을 꾀한다

"나는 막 전개되려는 삶 앞에서
독자적인 인간이 되어야만 했다."
- 여행을 즐긴 르 코르뷔지에의 한마디

현대 건축의 아버지 르 코르뷔지에Le Corbusier를 만든 것은 훗날 동방여행으로 불리는 6개월 간의 여행이었다. 미술학교를 졸업하고 건축사무소에서 일하던 르 코르뷔지에는 현장에서 일하기에는 자신의 역량이 너무 부족하다는 느낌을 받았다. 자신의 능력에 대한 절망과 건축에 대한 꿈의 충돌로 괴로워하던 그가 택한 것은 자리를 박차고 여행을 떠나는 것이었다.

1911년 5월 7일, 르 코르뷔지에는 친구인 오귀스트 클립스탱Auguste Klipstein과 함께 중부 유럽, 그리스, 이탈리아를 두루 돌아보는 여행 계획을 세웠다. 여행을 떠나는 이유에 대해 르 코르뷔지에는 이후 그의 삶에서 없어서는 안 될 소중한 물건이 된 수첩에 이렇게 적는다.

"나는 막 전개되려는 삶 앞에서 독자적인 인간이 되어야만 했다."

세르비아, 루마니아, 불가리아를 돌아보면서 르 코르뷔지에는 시골 건축에 깃든 아름다움에 눈을 뜬다. 자연과 어울린 소박한 농촌 주택

들은 인공적인 형태의 건축밖에 몰랐던 그의 고정관념에 새로운 시각을 제시해준다. 이국적인 터키의 회교 사원을 통해서도 르 코르뷔지에는 큰 영감을 얻는다. 엄격한 기하학적 원리에 의해 지어졌으면서도 한편으로는 정사각형, 구형 등 우리가 친근하게 느끼는 형태를 유지하는 그 불가사의함에 르 코르뷔지에는 할 말을 잃고 만다. 여행의 절정은 바로 아크로폴리스에서였다. 직선적인 대리석과 수직 기둥, 해안선과 평행을 이룬 수평 구조의 아름다움은 햇빛과 더불어 장엄한 아름다움을 뽐냈다. 그가 보기에 파르테논 신전은 단순한 건축물이 아니라, 자연과 인간이 하나가 된 정신적인 작품이었다. 훗날 르 코르뷔지에에 의해 롱샹 성당 같은, 콘크리트 구조물이면서도 자연을 거스르지 않는 작품이 탄생하게 된 것은 바로 이 여행의 결실이었던 것이다.

르 코르뷔지에 전에 여행을 자신의 인생의 화두로 삼은 이가 중국에도 있었다. 그의 이름은 바로 사마천이다. 사마천이 쓴 역사서 《사기》에는 다음과 같은 구절이 있다.
"죽는다는 것은 어려운 일이 아니다. 죽음에 맞서 살아가는 것이 어렵다."
이는 죽음과 환관의 삶, 둘 중 하나를 선택해야만 했던 사마천의 고뇌가 담긴 구절이기도 하다.
사마천이 환관이 될 수밖에 없었던 이유는 잘 알려져 있다. 그는 흉

노에 항복한 장수 이릉의 편을 들었고, 이에 분노한 한무제는 사형 선고를 내렸다. 죽지 않고 살아남을 수 있는 방법은 단 하나, 환관이 되는 것이었다. 그는 고민 끝에 환관의 길을 택한다. 그 이유는 단 하나였다. 그에게는 해야 할 일이 있었다. 살아남아 《사기》를 써야 했기 때문이다.

《사기》를 쓰는 것은 아버지의 유언이기도 했다. 사마천은 가문의 숙업인 《사기》를 위해 비굴하게 살아남는 길을 택한 것이다. 이러한 까닭에 《사기》를 완성한 동인을 흔히 '발분심發憤心'으로 본다. 자신의 오욕을 모두 담아 글로 분출했다는 것이다. 하지만 여기서 하나 지적할 것이 있다. 과연 발분심만으로 거대한 역사서인 《사기》를 완성할 수 있었을까? 그렇지는 않을 것이다. 《사기》의 완성을 위해서는 역사 현장의 생생한 경험이 필요했다. 사마천은 역사서를 쓰기 수십 년 전부터 천하를 주유함으로써 훗날 역사서를 완성할 수 있는 현장 경험을 축적해나갔다.

사마천의 가문은 주나라 왕실에서 사관을 역임해온 집안이었다. 한동안 끊겼던 가문의 맥을 이은 이는 사마천의 아버지인 사마담이었다. 일찍부터 천문과 역법에 관심을 가졌던 사마담은 태사령이라는 관직을 얻게 된다. 어느 정도 실력을 인정받게 된 후로는 가문의 전통이었던 역사서를 기술하려는 생각을 품는다. 왕실의 비서들을 살펴볼 수 있는 태사령이라는 관직이었으므로 그의 꿈이 실현 불가능한 것만은 아니었다.

그는 준비가 철저한 사람이었다. 아들인 사마천에게 일찍부터 고전 교육을 시킨 것 또한 가문의 숙원인 역사서 집필과 무관하지 않았다. 덕분에 사마천은 당대 최고의 유학자인 동중서의 문하에서 학문을 배울 수 있었다. 동중서가 가장 중시한 것은 공자가 지은 《춘추》라는 역사서였다. 훗날 쓴 《사기》에서 동중서 역사 철학의 흔적을 어느 정도 찾아낼 수 있는 것을 보면, 이 시기 동중서의 역사 교육은 사마천에게 큰 영향을 미친 것이 분명했다.

아들의 성장을 흐뭇한 눈으로 지켜보았을 사마담은 보통의 아버지와는 다른 길을 아들에게 권한다. 천하를 주유하고 오라는 명령을 내린 것이다. 사마담은 머리로 쓰는 역사서는 아무런 의미가 없다는 것을 알고 있는 사람이었고, 사마천 또한 아버지가 여행을 권하는 이유를 잘 알고 있었기에 두말없이 천하 주유의 여행에 나선다. 사마천은 몇 년에 걸쳐 중국 각지를 여행했다. 이때 방문했던 지역을 사마천은 사기에 기록해두었다.

> 스무 살이 되어 남쪽으로 강, 회를 두루 돌아다녔다. 회계산에 올라보고 우혈을 탐방했다. 구의산을 엿보고 원, 상에 배를 띄웠다. ……
> 제나라와 노나라의 수도에서 강론하고 공자의 유풍을 보았다. ……
> 양과 초나라를 지나서 돌아왔다.

지금으로 치면 호북, 호남, 절강, 산동, 안휘, 하남성을 두루 다닌 것이다. 교통이 발달한 지금도 쉽지 않은 일이니, 당시 사마천이 겪었을 고초는 두말할 나위가 없을 것이다. 하지만 젊은 사마천이 역사가로서 성장하기 위해서는 그보다 더 좋은 기회는 없었다. 아버지의 배려와 본인의 의지로 사마천은 훗날 대역사서를 기술할 준비를 착착 해내가고 있었다.

여행을 마치고 돌아온 사마천은 황제의 신변을 호위하는 낭중으로 출사한다. 황제의 곁에 머무는 직책인 만큼 노리는 이들도 많았다. 하지만 사마천은 그간 갈고 닦은 실력과 견문을 바탕으로 낭중 자리를 따내고 10년 동안 재직하게 된다. 낭중의 자리에 있었던 것은 역사가를 꿈꾸는 그에게는 행운이었다. 황제의 명을 받아 새로 중국에 편입된 땅을 둘러볼 수 있는 기회를 얻었기 때문이다. 이때의 여행이 그를 더욱 성장시킨 것은 지극히 당연한 일이었다.

시찰 여행을 마치고 돌아온 사마천은 그러나 뜻밖의 불행을 접한다. 아버지가 세상을 떠난 것이다. 아버지는 사마천에게 역사서를 기술해 줄 것을 유언한다.

"내가 죽으면 너는 반드시 태사가 되어라. 태사가 되면 내가 저술하고자 했던 것을 잊지 말아라."

사마천은 아버지를 잃은 슬픔을 벗어날 틈도 없이 황제의 순행巡幸에 동참한다. 한무제는 태산에 제사를 지냄으로써 자신의 황권이 조상으로부터 내려왔음을 증명하려 했다. 태산에서 제사를 지낸 뒤 산동, 요녕, 하북, 내몽고를 거쳐 장안으로 돌아왔다. 자신이 다스리는 지역을 돌며 황권을 과시하는 여행을 한 것이다. 한편 사마천은 6개월에 걸친 이 여행을 통해 중국의 현황을 더 잘 파악할 수 있게 되었다. 역사적 현장을 두 발로 누비고, 사람들과 만나 그들의 생각을 들었다. 황제를 호위하는 것은 힘든 일이었지만 사마천은 고된 줄을 몰랐다. 역사가를 꿈꾸는 사마천으로서는 최상의 여행이었던 것이다.

사마천은 38세에 태사령이 되었다. 아버지의 유언대로 된 것이다. 이제 남은 것은 역사서를 집필하는 것뿐이었다. 착실하게 자료를 모아온 사마천은 죽음 대신 선택한 환관의 자리에서 《사기》를 집필했다. 그리고 환관의 몸이 된 지 8년 만에 마침내 《사기》를 완성했다. 젊은 시절 천하를 주유하던 때부터 계산하면 37년 만의 일이었다.

오늘날 《사기》는 그 어떤 책보다 중국을 대표하는 사서이다. 정사 24사 중 개인이 쓴 유일한 역사서이기도 하다. 역사 속에서 살았던 이들의 숨결이 생생하게 느껴지는 것 또한 여타 사서가 도달할 수 없는 《사기》만의 고유한 경지이다. 이러한 성취를 가능하게 한 것은 물론 사마천의 분발심이다. 하지만 그 이면에는 스무 살 시절부터 전국을 주유하며 쌓아온 현장 경험이 굳건한 자산으로 존재하고 있었음을 잊어서는 안 될 것이다.

목표를 높게 잡는다

"세계를 정복해 하나의 나라로 만드는 것,
그것이 내 삶의 유일한 목표다."
- 알렉산더 대왕

알렉산더의 삶은 끝없는 정복의 연속이었다. 스무 살의 나이에 왕위에 오른 그는 테베와 아테네를 공격했고, 곧바로 페르시아 제국과 전면전을 벌였다. 제국을 손에 넣은 뒤에도 그는 정복전을 멈추지 않았다. 당시 세계의 끝으로 여겨졌던 인도를 넘어 미지의 땅으로 진격하려 했던 것이다. 사람들은 그런 그를 이해하지 못했다. 땅과 물자는 이미 충분했다. 정복한 땅에서 호사를 누리며 안락한 삶을 살 수도 있는데 왜 끝없이 전진하기만 하는 것일까. 이유는 사실 간단했다. 세계를 정복해 하나의 나라로 만드는 것, 그것이 그의 삶의 유일한 목표였기 때문이다.

아킬레우스의 후손이기도 한 그의 어머니 올림피아스는 세계 정복을 할 유일한 인물이 바로 자신의 아들임을 여러 차례 강조했으며, 그런 어머니의 말은 그의 몸에 도장처럼 아로새겨졌다. 하지만 그런 그의 높디높은 목표를 알 리 없는 부하들은 제국을 돌보라고 수없이 간

언했고, 그에 굴복한 알렉산더는 말머리를 돌릴 수밖에 없었다. 하지만 귀환 도중 그는 말라리아에 걸려 세상을 떠나고 말았다. 그의 사후 그가 세웠던 광대한 제국은 얼마 안 가 여러 개의 소제국으로 분할되는 아픔을 겪게 되었다.

그렇다고 그의 삶이 실패였다고 결론지을 수는 없다. 자신이 세운 단 하나의 고귀한 목표에 매진했던 그는 제국의 곳곳에 자신의 흔적을 남겨놓았고, 그 흔적들 덕분에 고대 세계는 더욱 발전된 문명을 향유할 수 있게 되었으니까 말이다.

사실 정복군주 알렉산더는 그 이미지와는 달리 상당히 지적인 인물이었다. 물론 말년에는 광폭한 모습을 보이기도 하지만, 그 특정 시기만 제외한다면 자신의 지적 능력을 바탕으로 현명하게 사태를 헤쳐나간 인물이었다.

그는 그리스의 현자 아리스토텔레스에게 교육을 받았고, 그 점이 일생에 커다란 영향을 미친다. 아리스토텔레스를 통해 철학과 정치학의 진수를 익힌 후 자신의 일생일대의 소명인 세계 정복에 대한 꿈을 구체화하는 한편, 어떤 방식으로 자신이 획득한 땅과 백성을 다스릴 것인지에 대한 밑그림 또한 완성하게 된다.

알렉산더의 정복 전쟁은 속전속결의 드라마와도 같았다. 그 이면에는 젊은 알렉산더의 능력을 경시했던 페르시아 왕 다리우스 3세의 오판이 있었다. 다리우스 3세는 페르시아에 정복당한 그리스 도시들을 하나하나 해방시켜나가는 알렉산더에게 적극적으로 대응하지 않았다. 그것은 마케도니아를 중심으로 한 그리스 연합군의 사기를 높여주는 결과를 낳았고, 최초의 전면전이나 다름없었던 그라니쿠스 강 전투에서도 안일한 대응으로 일관하다 패배를 자초하고 말았다. 더 이상 물러설 수 없게 된 다리우스 3세는 마침내 이수스 부근의 전장에서 알렉산더와 맞닥뜨리게 되었다. 이번에도 다리우스 3세는 실책을 범했다. 자신들의 강점인 전차 부대를 활용하기 위해서는 넓은 평원을 선택해야 했음에도 좁은 지역에 머무름으로써 일방적인 패배를 당하고 만 것이다.

다리우스 3세는 모든 것을 버리고 도주했다. 그 모든 것에는 자신의 가족도 포함되어 있었다. 하지만 알렉산더는 다리우스 3세의 가족을 죽이지 않았다. 다리우스 3세의 어머니인 시시감비스 앞에 엎드려 이렇게 말했다.

"어머니, 아무 걱정 마십시오."

이는 그의 정복 전쟁의 목표가 무엇이었는지를 보여주는 결정적인 에피소드이다. 그가 꿈꾼 것은 하나 된 제국이었지 자신의 힘을 과시하는 데 있지 않았다.

비슷한 일은 이집트에서도 이어진다. 그는 이집트를 정복한 후 이집트의 수호신인 아피스라는 황소에 경의를 표했다. 이집트 문명에 대한 그의 존중은 그에 대한 지지로 이어졌다. 무력으로 정복했지만 평화적인 방법으로 사태를 수습한 것이다.

알렉산더가 페르시아 제국 곳곳에 대한 지배권을 공고히 하는 사이 다리우스 3세의 반격이 이어졌다. 하지만 그는 알렉산더의 적수가 될 수 없었다. 전투에서 패한 다리우스 3세는 도피 중에 부하들의 손에 죽고 만다. 알렉산더는 그의 시신을 수습해 성대히 장례를 치러 주었다. 그러고는 다리우스 3세를 죽인 암살자들을 추적해 죽이기까지 함으로써 페르시아 사람들의 마음을 얻는 데 성공한다.

그는 페르시아의 관습을 한꺼번에 바꾸려는 시도도 하지 않았다. 또한 페르시아 사람들을 자신의 군대에 합류시키고 그리스 사람들과 똑같은 대우를 하기도 했다. 이들 조치에 대해 그리스 사람들은 노골적으로 불만을 표했지만, 알렉산더는 페르시아와의 협력 정책을 결코 포기하지 않았다. 이 또한 그의 정복 전쟁이 단순한 영토 획득을 목표로 하지 않았음을 보여주는 것이다.

대부분의 사람들은 페르시아를 정복함으로써 알렉산더의 정복 전쟁도 끝났다고 믿었다. 하지만 그의 생각은 달랐다. 그는 자신이 알고 있는 전 세계를 정복해 하나의 나라로 만들기 위해 노력했다. 그렇기 때문에 인도로 달려간 것이다. 그러나 그의 생각에 동의하는 이가 별로 없었다는 점이 불행이었다. 아무리 알렉산더라도 모든 이가 반대하는 정복 전쟁을 계속해서 끌고 나갈 수는 없었던 것이다.

그의 정복 전쟁은 결코 폭력적인 전쟁만은 아니었다. 전쟁을 통해 승리를 거둔 후 알렉산더가 추구한 것은 그 지역의 문화를 그대로 유지하는 것이었다. 그는 자신이 정복한 곳의 문화를 중시했으며, 그 지역의 문화와 그리스의 문화를 자연스럽게 조화시키기 위해 애를 썼다. 심지어 알렉산더는 자신이 정복한 땅에서 볼 수 있는 식물과 동물 표본을 아리스토텔레스에게 보내기까지 했다. 이쯤 되면 정복 전쟁이 아니라 문명의 전파라 불러야 더 마땅하겠다. 알렉산더가 보낸 자료들을 바탕으로 아리스토텔레스는 《동물사 Historia animalium》를 완성할 수 있었다.

알렉산더는 하나의 제국을 건설하고 그 속에서 모든 이들이 행복하게 살아나가는 꿈을 가졌다. 자신이 정복한 곳의 문명에 경의를 표하고, 그곳에 새로운 도시를 만들고 운하를 파는 등의 대규모 사업을 벌인 것도 그러한 드높은 꿈 때문이었다. 알렉산더 덕분에 동서양의 교역은 크게 늘어났고, 그리스 문명은 변방의 문명에서 세계로 퍼져나가는 선진 문명으로 자리매김하게 되었다. 물자의 유통도 늘어났고, 학문 교류 또한 늘어났다.

알렉산더 사후 제국은 분열되었지만 세계 문명의 교류는 계속해서 확대되어갔다. 물론 이 모든 것이 알렉산더 한 개인의 공헌만은 아니었다. 하지만 세계를 하나의 제국으로 만들겠다는 꿈을 품고 그 꿈에 일로매진했던 그가 아니었다면, 전 세계적인 사상과 문명의 교류는 훨씬 훗날에야 가능했을 것이다.

현대판 알렉산더는 뜻밖에도 야구장에서 찾아볼 수 있다. 뉴욕 양키스가 그 좋은 예다. 양키스는 돈으로 선수를 사들이는 까닭에 흔히 악의 제국이라 불린다. 사실 양키스 말고도 돈으로 선수를 긁어모으는 구단들은 많다. 그러나 그들 구단들이 모두 양키스처럼 좋은 실적은 올리는 것은 아니다. 그렇다면 결국 돈으로 선수를 긁어모으는 것은 수단일 뿐 승리를 하는 데 있어 결정적인 요인은 아닌 셈이다.

양키스와 다른 구단을 다르게 만드는 것은 돈이 아니라, 실은 리그 최고의 팀이 되겠다는 드높은 목표에 일관되게 매진하는 습관이다. 양키스는 팀 내 기강이 엄하기로 유명하다. 양키스 선수들은 턱수염도 기를 수 없고, 자유분방한 옷을 입을 수도 없다. 라커룸의 분위기는 전쟁터에 나가기 전 부대 막사처럼 삼엄하다. 그러나 그에 대해 불만을 표하는 선수는 없다. 그들은 알고 있는 것이다. 자신들에게 가장 중요한 것은 무엇보다 승리라는 것을. 거의 한 세기 동안 보스턴 레드삭스가 우승하지 못한 시절 양키스가 했던 말이 바로 양키스의 분위기를 대변해준다.

"보스턴 레드삭스의 구단주는 선수들에게 너무 잘해줍니다."

인간적인 대우보다 먼저 승리가 중요하다는 사실을 선수들에게 주입시키는 것, 그것이 바로 양키스의 우승 비결이었던 것이다. 그런 의미에서 양키스는 알렉산더의 후계자임이 분명하다.

미국에 양키스가 있다면 우리나라에는 최경주가 있다. 마흔을 훌쩍 넘겼지만 최경주의 꿈은 여전히 PGA의 메이저대회에서 우승하는 것이었다. 어찌 보면 불가능하게마저 보이는 그 목표를 위해 그는 온갖 노력을 아끼지 않았다.

2010년 브리티시오픈을 앞두었을 때의 일이다. 최경주는 그립이 두 개로 이뤄진 희한한 퍼터를 들고 나왔다. 퍼팅이 잘 이루어지지 않자 파격적인 변신을 시도한 것이다. 상당수 사람들은 그에 대해 안쓰러움을 느꼈지만 그는 조금도 개의치 않았다. 2009년 몸무게를 10킬로그램 정도 감량했다가 지독한 슬럼프를 겪었을 때도 마찬가지였다. 사람들은 그렇게까지 할 필요가 있느냐고 했지만 그의 생각은 달랐다.

"하늘을 나는 비행기도 정비를 하기 위해서는 반드시 땅에 내려와야 합니다. 저는 10년 가까이 하늘에 떠 있는 비행기였습니다. 정비를 한 후 다시 하늘로 날아올라야지요."

그의 목표가 얼마나 원대한지를 알 수 있는 말이다. 그 결과 그는 2011년 제5의 메이저대회라 불리는 플레이어스 챔피언십에서 역전 우승을 거둘 수 있었다. 물론 그의 목표는 아직 이루어지지 않았다. 그것이 바로 그가 도전을 멈추지 않고 있는 이유이다.

목표를 높게 잡는 습관이 만들어낸 또 다른 역사적 사례 하나를 소개한다. 1961년 4월 소련은 인류 최초의 유인 우주선을 우주에 쏘아

올리는 데 성공했다. 소련 최대의 라이벌이었던 미국은 그 소식을 듣고 어쩔 줄 몰라 당황했다. 미국은 유인 우주선을 쏠 계획조차 잡지 못하고 있는 상황이었기 때문이다. 그러나 케네디는 달랐다. 그는 의회 연설을 통해 60년대 안에 인류를 달에 보내겠다고 선언해버린다. 그 결과는 우리가 잘 알고 있다.

1969년 7월 21일, 닐 암스트롱은 인류 최초로 달에 발을 디딘 인물이 되었다. 성공 이유는 단 하나다. 케네디는 높은 목표를 세웠고 그 목표를 위해 국가의 전 역량을 쏟아 부었다. 어중간한 목표를 세웠다면 달에 첫 발을 딛는 것 또한 소련의 차지가 되었을 것이다.

이왕 목표를 세울 것이면 높은 목표를 세우자. 그리고 그 실행을 위해 전력을 다하자. 그렇게 하면 자신의 기존 한계치가 높아지고, 훨씬 발전된 자신을 발견할 수 있을 것이다.

상대방의 흥미에 관심을 갖는다

마테오 리치가 종이에 적힌 한자를
완벽하게 외우기 시작하자, 중국인들은 놀라서
큰 소리로 탄성을 질렀다.

- 중국인들의 관심사를 존중할 줄 알았던 마테오 리치

　　중국에 진출했던 수많은 선교사들 가운데 중국인들의 신망을 가장 많이 얻은 이는 바로 마테오 리치다. 이는 물론 마테오 리치의 훌륭한 인품과 유창한 중국어, 그리고 중국 문화에 대한 깊은 이해에 기인한다. 하지만 마테오 리치는 뜻밖에도 상대방의 흥미에 깊은 관심을 갖는 자신의 습관이 중국인들의 신망을 얻는 데 큰 공헌을 했다고 고백했다.

　마테오 리치는 중국인들을 철저하게 관찰한 결과 그들이 자신의 한자 이해력에 상당히 놀라고 있다는 사실을 알아냈다. 그는 이러한 한자 이해력을 극적으로 보여줄 방법을 생각했다. 오랜 고민 끝에 기억술에서 그 해답을 찾았다.

　어느 날 마테오 리치는 중국 지식인들이 주최한 저녁 식사에 초대를 받았다. 식사를 마친 그는 자리에서 일어나 한 장의 종이를 꺼내들었다. 중국인들은 호기심 어린 눈초리로 이방인의 입에서 나올 말을 기다렸다. 마테오 리치는 중국인들에게 종이를 건네면서 될 수 있는 대로 많은 한자를 쓰되, 되도록 기억하기 어려운 글자를 써달라고 부탁했다. 그 말을 들은 중국인들의 호기심은 극에 달했다. 까다롭기로 소문난 글자가 바로 한자였다. 자신들도 벅차 하는 한자를 외국인이 가능한 한 많이, 그리고 어려운 것으로 써달라고 부탁한 것이다.

중국인들은 마테오 리치의 부탁대로 종이 가득, 그것도 어려운 한자만을 골라서 썼다. 종이를 받은 마테오 리치는 잠시 얼굴을 찌푸렸다. 중국인들은 그 얼굴을 보고 큰 웃음을 터뜨렸다. 그런데 잠시 후 놀라운 광경이 일어났다. 앞에 있는 중국인에게 종이를 다시 건넨 마테오 리치가 종이에 적힌 한자를 순서대로 외우기 시작했기 때문이다. 중국인들은 놀라서 큰 소리로 탄성을 질렀다. 개중에는 속임수를 쓰는 것이라고 우겨대는 사람도 있었다. 마테오 리치는 그러한 반응을 예상했다는 듯 가벼운 웃음을 지었다. 그 뒤에 보인 그의 행동은 더욱 놀라웠다. 이번에는 조금 전에 외웠던 한자를 거꾸로 외우기 시작한 것이다. 마테오 리치의 암송이 끝난 뒤에도 중국인들은 침묵을 지켰다. 자신들이 눈앞에서 보았음에도 도무지 믿을 수가 없었기 때문이다.

마테오 리치가 보인 것은 속임수가 아니었다. 그는 한자에 대한 자부심이 강한 중국인들을 놀라게 하기 위해 자신이 오랜 세월동안 익혀왔던 기억술을 활용한 것이다. 마테오 리치의 전략은 적중했다. 다음 날이 되자 마테오 리치의 명성은 지식인들 사이에 빠르게 퍼져 그 지역

지식인치고 마테오 리치를 모르는 이가 없을 정도가 되었다.

사정이 그렇게 되자 여태껏 서양인이라는 이유만으로 마테오 리치를 멀리하던 중국인들이 자진해서 그의 집을 찾아왔다. 중국인들은 그에게 기억술에 관해 묻기도 하고, 일부는 그가 믿는 천주에 대해 묻기도 했다. 천주 문제에 있어서는 완강하기 그지없었던 중국인들이 스스로 마음의 문을 열기 시작한 것이다. 그 모든 것이 기억술 덕분은 아니겠지만, 중국인들의 관심사를 늘 고민하던 마테오 리치 특유의 습관이 어느 정도 공헌을 한 것만은 틀림없다.

루스벨트 하면 가장 먼저 떠오르는 것은 역시 대공황의 극복이다. 루스벨트는 가장 어려운 상황에서 미국의 대통령직을 물려받았다. 1929년 10월의 주가폭락으로 시작된 대공황은 좀처럼 수그러들 기미가 보이지 않았다. 은행이 줄지어 도산했고, 남은 은행들도 빗발치는 예금 인출 때문에 간신히 목숨만 부지하고 있었다. 실업자는 1,500만 명에 이르렀고, 국민들은 공포심에 빠져 가야 할 길을 찾지 못했다.

1932년 말에 미국 32대 대통령에 당선된 루스벨트는 3월에 취임하기까지 칩거했다. 당시 31대 하버트 후버Herbert Hoover 대통령은 경제 위기에 대처할 전략을 수립하면서 루스벨트에게 도움을 요청했지만, 그는 거절했다. 과거와 명백히 단절하고 자신이 독자적으로 위기를 수습해야 한다는 생각 때문이었다. 1933년 3월 4일, 대통령에 취임한 루스벨트는 오랫동안 가슴에 담아두었던 일성을 터뜨린다.

"우리가 두려워해야 할 것은 바로 두려움 자체입니다. 그것은 막연하고 이유도 없고 정당하지도 않은 두려움입니다."

자신감과 낙관으로 가득 찬 그의 연설은 두려움에 떨던 미국인들에게 용기를 주었다. 여론이 그에 대해 호의적인 쪽으로 돌아서자 그는 준비했던 개혁 조치를 잇달아 내놓았다. 이 과정에서 그는 위기 상황을 되도록이면 정확하게 국민들에게 털어놓는 방법을 택했다. 취임식 다음 날 시도한 라디오 연설이 그 좋은 예다. 그는 이 연설에서 은행이 돌아가는 원리를 친절하게 설명함으로써 국민들의 이해도를 높이고, 위기에 대한 우려를 불식시켰다. 그런 후 그는 은행을 폐쇄한 뒤 은행에 관한 실권을 정부에 속하게 하는 법을 통과시켰다. 기준을 통과한 은행들이 다시 문을 열자 국민들의 예금이 쏟아져 들어오기 시작했다. 금융 위기를 완화시킨 루스벨트는 정부의 지출을 줄이고, 금주법을 완화해 소비를 진작시켰다.

그런 뒤 나중에 '뉴딜'이라 불리게 되는 개혁 법안들을 잇달아 의회에 상정했다. 의회가 이 모든 법안들을 통과시키는 데 걸린 시간은 불과 99일이었다.

루스벨트는 이러한 일련의 일들을 진행하면서 모든 문제에 대한 해박한 지식으로 많은 이들을 감탄하게 만들었다. 물론 이러한 수준에 이르기 위해 루스벨트는 수많은 밤을 책과 함께 지새웠다. 그러나 독서에 대한 열의 이전에 짚고 넘어가야 할 것은 그에게 다른 이들의 관심사를 잘 살피고 그에 맞춰주기 위해 노력하는 습관이 있었다는 사실이다.

루스벨트는 자신이 만나는 상대방이 관심을 기울이는 부분을 항상 먼저 제시함으로써 호감을 사는 데 성공했다. 루스벨트는 사람의 마음을 사로잡는 지름길은 그 사람이 가장 흥미를 느끼고 있는 일에 관해 이야기하는 것임을 직감적으로 알고 있었다. 그는 그러한 이해력을 바탕으로 다른 이들의 관심사를 알아냈고, 그 관심사에 맞장구를 쳐줌으로써 국가적인 위기까지 극복해냈던 것이다.

심리학자 B. J. 포그(B. J. Fogg)와 클리포드 나스(Clifford Nass)는 재미있는 실험을 한 적이 있다. 스무 고개와 비슷한 문제를 학생들에게 풀게 한 후 한 그룹의 학생들에게는 컴퓨터가 진지한 찬사를 보내도록 하고, 다른 한 그룹의 학생들에게는 그저 기계적인 응답만을 제시하도록 했다. 컴퓨터가 하는 찬사라고 해봤자 실은 그 문제를 푸는 학생들과는 무관한 찬사였다. 하지만 결과는 놀라웠다. 컴퓨터의 찬사를 들은 학생들은 실제로 기분이 무척 좋았다고 고백했다.

사람이란 복잡한 듯 보이나 실은 매우 단순한 존재이기도 하다. 맥락에 닿지 않는 칭찬 하나만으로도 기뻐할 수 있는 동물이니 말이다. 이런 관점에서 볼 때 상대방의 흥미에 깊은 관심을 보이고 그 관심사를 돕기 위해 애를 쓰는 습관이 가져올 결과는 더 이상 설명할 필요가 없이 크다. 상대에게 '날 알아봐주는 사람'이라는 신뢰를 얻을 수 있다면 친밀한 인간관계의 절반을 이룬 셈이다. 마테오 리치와 루스벨트는 심리학자는 아니었으나 상대방의 흥미를 세심하게 배려할 경우 얻게 될 결과에 대해서는 너무나도 잘 알고 있는 인물들이었다.

때에 따라
자신을 낮출 줄 안다

"선배님들보다 먼저 승진하게 되어서
미안하고 송구합니다."

- 외교관 선배들을 감동시킨 반기문의 편지

　　태조 이성계의 활쏘기 솜씨는 그야말로 환상적이었다고 한다. 태조는 시간이 날 때마다 활쏘기를 했는데, 과녁을 150보 밖에 두고 쏘아도 번번이 다 맞힐 정도였다. 이성계의 활솜씨는 중국에까지 소문이 난 모양이다. 공민왕 시절 사신으로 왔던 이들 중에 황상이란 자가 있었다. 활쏘기에 내심 자신이 있었던 황상은 이성계를 찾아와 활쏘기 시합을 제안했다. 이성계는 여러 차례 거절했지만 그는 물러나지 않았다. 사정이 그렇게 되니 이성계로서도 더 이상 거절할 수만은 없었다. 사실 이성계도 자신의 위세를 믿고 고려 조정을 우습게 여기는 황상의 모습이 그다지 마음에 들지는 않았기에 활쏘기 시합에 전력을 다했다.

　《용비어천가》에 수록된 내용을 보면 활쏘기 시합의 결과는 놀라지 않을 수 없다. 수백 발을 쏘았으나 이성계는 단 한 발도 빗나간 것이 없었다. 그러나 이성계의 환상적인 활솜씨가 발휘된 것은 혼자 연습

할 때, 그리고 황상과의 대결이 있었을 때뿐이었다. 그 외의 경우 이성계는 활쏘기 시합에서 이긴 적이 없었다. 그렇다고 진 적도 없었다. 비결은 간단했다.《동각잡기東閣雜記》라는 책에 그러한 이성계의 모습이 잘 설명되어 있다.

> 태조는 항상 겸손하게 행동하였으며, 사람의 위에 서려고 하지도 않았다. 활을 쏠 때마다 다만 상대자의 잘하고 잘못하는 것과 맞히는 수효의 많고 적음을 보아서, 상대편과 서로 비슷하게 할 뿐이었고 결코 이기고 지는 것이 없었다. 권하는 이가 있어도 또한 한 번쯤 더 맞히는 데에 지나지 않았다.

이성계 하면 그저 단순히 무장으로만 생각하는 이가 많다. 그러나 이성계가 무력만으로 조선을 개국한 것은 아니었다. 그에게는 다른 무장에게서는 찾아볼 수 없는 습관, 즉 자신을 낮추는 습관이 있었고, 그 습관 덕분에 조선을 개국하고 역사에 이름을 남길 수 있었던 것이다.

이성계만큼이나 겸손을 습관으로 삼고 있는 인물이 바로 반기문 유엔 사무총장이다. 능력이 뛰어난 반 총장은 늘 남들보다 빠르게 승진했다. 동기들은 물론 때로는 선배들을 추월하기까지 했다. 어찌나 승진 속도가 빨랐던지 외교부 내에 '반潘의 반半만 해라'라는 말이 나올 정도였다. 그러나 이상한 것은 빠른 승진을 거듭한 이치고는 드물게 그에 대한 반대 세력이 별로 없었다는 점이다. 그 이유는 단 한 가지, 늘 겸손했기 때문이다.

그는 자신이 일을 잘한다고 떠벌이지도 않았고, 승진이 빠르다고 남들 앞에서 뻐기지도 않았다. 그는 승진하면 할수록 말과 행동을 조심했고, 자기보다는 남들의 처지에서 생각하기 위해 애썼다. 이와 관련해 재미있는 에피소드가 있다. 여지없이 남보다 먼저 승진한 어느 날 반 총장은 일주일에 걸쳐 편지를 쓴다. 그러고는 그 편지를 자신의 동료와 선배 외교관들에게 돌렸다. 편지의 내용은 이러했다.

선배님들보다 먼저 승진하게 되어서 미안하고 송구합니다.

어쩌면 가식처럼 보일 수도 있는 행동이었으나, 평소에 반 총장의 겸손함을 잘 알고 있던 동료와 선배들은 그 편지에 오히려 감격하고 말았다.

이밖에도 반 총장의 겸손에 관해서는 믿기지 않는 사례가 전설처럼 내려온다. 처음 외교부에 들어간 반 총장은 1등으로 연수를 마친 결과 자신이 원하는 국가에 우선적으로 지원할 수 있는 권리를 얻었다. 주변 사람들은 당연히 초강대국인 미국에 지원할 것이라 예상했다. 그러나 반 총장이 택한 국가는 뜻밖에도 인도였다. 인도는 지금이야 IT 강국이자 제3세계의 기수로 주목을 받고 있지만, 반 총장이 지원했던 70년대만 하더라도 오지 중의 오지였다.

반 총장은 미국이 아닌 인도에 지원한 까닭을 어려운 집안 형편 때문이었다고 설명했다. 가난한 집안의 장남인 까닭에 그가 가진 돈은 많지 않았다. 미국에 가게 되면 반 총장 자신에게는 좋을 수 있으나 자신의 부모와 동생을 지원할 여력이 없게 될 것을 염려했던 것이다. 결국 반 총장은 부모와 동생을 위해 미국이 아닌 인도를 선택했다. 겸손과 배려가 없는 이었다면 쉽사리 하기 어려웠을 결정이지만, 그는 별다른 갈등이 없었다.

교세라를 창업해 오늘날 세계적인 기업으로 성장시킨 이나모리 가즈오稻盛和夫 회장은 자신의 성공 비결을 묻는 질문에 다소 뜻밖의 대답을 하곤 한다.

"지금 내가 일하는 것은 단순히 먹고살기 위해서가 아니라 인격을 수양하고 내면을 키우기 위해서라고 믿었습니다. 그 일에 몰두하다 보니 그 마음이 하늘에 닿았고, 하늘이 내게 선물을 내린 것입니다."

대기업 경영자의 발언이라고는 믿어지지 않을 정도로 겸손한 발언이다. 이를 통해 우리는 가즈오 회장이 말로만 겸손한 게 아니라, 온몸으로 겸손을 실천해왔음을 충분히 짐작할 수 있다.

가즈오 회장은 실제로 회사 경영에 있어 겸손을 무척 중시한다. 성공은 혼자 노력해서 이루어진 것이 아니라, 많은 사람의 도움이 있었기에 가능했다는 사실을 늘 강조하는 것도 그 때문이다. 탐욕을 경계하기 위한 '마음의 브레이크'를 갖고 초심을 잊지 않는 것만이 기업이 지속 성장하는 제일 비결이라 말하는 것도 같은 맥락에서 이해할 수 있다.

가즈오 회장이 즐겨 쓰는 말 중에 '자리이타自利利他'라는 것이 있다. 자신의 이익만을 생각하는 것이 아니라 타인에게도 이익이 되게 하려 한다는 마음이다. 그가 지닌 겸손의 철학이 제대로 드러나는 말이다.

지금까지의 예들을 보면 자동차 기업 도요타의 미래도 예측해 볼 수 있지 않을까? 도요타만큼 극심한 추락을 겪은 기업은 얼마 되지 않을 것이다. 도요타는 고객의 클레임에 늑장 대응하다 최고의 자리에서 보통의 자리로 내려왔다. 하지만 도요타가 다시 예전의 자리로 올라가리라는 전망을 가능케 하는 작은 사건이 하나 있다.

사장인 도요타 아키오豊田章男가 취임 후 처음으로 한국을 찾았을 때의 일이다. 그는 기자회견 장소에 자사의 미니밴 '시에나'를 타고 등장했다. 보통은 자사에서 생산되는 최고급 자동차를 타는 것이 일반적인데도 말이다. 이유가 있다. 기자회견 장소에 도착할 때까지의 시간 동안 차 안에서 직원들과 이야기를 나누기 위해서였다. 그의 태도는 기자회견 장에서도 달라지지 않았다. 그는 "대지진 이후에 보여준 한국

정부와 국민 여러분의 아낌없는 지원에 진정으로 감사를 표한다"는 말로 기자회견을 시작했다. 그러고는 그동안의 차량 공급이 미진했던 것에 대해 곧바로 사과했다. 기자회견 후 보여준 행동은 더욱 인상적이다. 서비스센터에서 만난 직원이 자신의 차가 프리우스라고 말하자, 도요타 아키오 사장은 허리를 굽혀 인사를 했다.

겸손한 자가 결국에는 승리를 거둔다는 사실을 우리는 수많은 사례를 통해 잘 알고 있다. 남 앞에서 자신을 낮출 줄 안다는 것은 자신을 돌아볼 줄 안다는 것이고, 그 진정어린 마음은 상대를 움직일 뿐만 아니라 미래를 움직인다. 도요타의 앞날이 마냥 어둡지만은 않으리라고 예감하기는 어렵지 않을 것이다.

세부 규칙을 세워
나쁜 습관을 고친다

"하루의 행동을 세 가지 측면에서
생각해보기 전에는 잠들지 말 것이다.
규칙에 어긋난 일이 있었는가?
오늘 한 일은 무엇인가? 빠뜨린 일은 없는가?"
- 피타고라스

　　　벤자민 프랭클린은 팔방미인이라는 말이 딱 어울리는 사람이다. 인쇄업자로 성공을 거둔 프랭클린은 그 이후 신문사를 운영했을 뿐만 아니라, 필라델피아대학, 도서관, 소방서 설립에 관여했고, 미국을 대표하는 외교관으로서도 다년간 활약했다. 그는 또한 뛰어난 발명가이자 과학자이기도 했다. 자칫 목숨을 잃을 뻔한 위험을 무릅쓰고 연 날리기 실험을 해 피뢰침을 발명한 일화는 모르는 이가 없을 것이다. 한 가지만 더 이야기하자면 그는 프랑스어, 이탈리어, 스페인어 등에 능통한 외국어의 달인이기도 했다. 하지만 그는 정규교육이라고는 2년밖에 받지 않은 사람이었다. 그가 획득한 수많은 지식은 독서와 실제 삶의 경험, 그리고 끝없는 독학을 통해 얻은 것들이었다.

　　그는 또한 매우 도덕적인 사람이기도 했다. 그의 꿈은 경제적으로 성공한 사람이 아니라, 도덕적으로 완벽한 사람이 되는 것이었다. 보통 사람이라면 꿈도 꾸지 않았을 꿈을 실현 가능한 꿈처럼 여긴 면이 지극히 프랭클린답다. 처음에 그는 종교 활동을 통해 도덕적으로 완벽한 사람이 되려 했다. 그가 살던 당시 대부분의 이들이 교회에 나갔다는 사실을 생각하면 지극히 당연한 결론이었다. 하지만 그가 보기에 교회는 지극히 고루했다. 신학적인 논쟁을 일삼고 자기 교파의 우수성만을 강조하는 교회는 그의 성미에 맞지 않았다. 그는 종교 원칙보다는 도덕 원칙을 신봉하는 사람이었다. 그런 그였으니 오직 믿음만을 강조하는 교회가 성에 차지 않은 것은 너무도 당연했다. 결국 그는 교회 출석을 그만둔다. 그러고는 자신만의 방법으로 도덕적인 사람이 되기를 꿈꾸게 된다.

며 날 며칠을 고민하던 그는 수첩 하나를 준비한다. 그러고는 그 수첩에 자신이 생각하기에 도덕적 삶에 꼭 필요한 열두 가지 덕목을 적었다. 그 덕목들은 바로 절제, 침묵, 질서, 결단, 검약, 근면, 진실함, 정의, 온건함, 청결함, 침착함, 순결이었다. 덕목 선정을 마친 후에는 각 덕목을 자연스러운 습관으로 만들기 위해 필요한 세부 규율을 덧붙였다. '절제'에는 배부르도록 먹지 마라, 취하도록 마시지 마라 같은 것들이 덧붙여졌고, '침묵'에는 자신이나 남에게 유익하지 않은 말은 하지 마라, 쓸데없는 말은 피하라 같은 것들이 덧붙여졌다. 여기까지는 사실 별로 색다를 것이 없었다.

살다보면 누구나 한두 번쯤은 자신을 새사람으로 만들고 싶어하기 마련이고, 그 방법론에 대해 고민하게 되기 때문이다. 프랭클린이 남다른 점은 이들 덕목과 세부 규율의 실천 방식에 있었다. 그는 한꺼번에 이들 덕목을 지키는 것이 불가능하다는 사실을 꿰뚫어 보았다. 괜히 욕심을 부리다가는 덕목에 치여 제대로 된 삶을 살 수 없음을 깨달은 것이다. 이때 그의 머리에 떠오른 것이 바로 피타고라스 금언집에서 읽은 충고였다. 피타고라스는 금언집에서 다음과 같이 말했다.

하루의 행동을 세 가지 측면에서 생각해보기 전에는 잠들지 말 것이다. 규칙에 어긋난 일이 있었는가? 오늘 한 일은 무엇인가? 빠뜨린 일은 없는가?

프랭클린은 맨 위 칸에 월요일부터 일요일까지 요일을 적은 후 세로로 열두 줄을 만들어 자신이 지키려는 덕목을 적어나갔다. 실천 방식은 다음과 같다. 첫 주의 덕목은 절제이다. 프랭클린은 일주일 동안 절제에만 신경을 쓰면서 잘못을 범하지 않으려고 애를 썼다. 매일 저녁 수첩을 열어 그날의 잘못을 반성했는데 잘못된 행동을 한 날은 해당 요일에 까만 점을 찍었다. 둘째 주가 되면 이번에는 절제와 침묵을 동시에 실천해나갔다. 이런 식으로 하게 되면 12주에 걸쳐 전 덕목을 실천해나갈 수 있게 된다. 일 년으로 따지면 총 네 번을 실천할 수 있게 되는 것이다.

프랭클린은 결심이 약해지지 않도록 수첩 곳곳에 자신이 깊은 인상을 받았던 글들을 써넣었다. 예를 들면 다음과 같은 것들이다.

그대의 교훈에 따라 하루를 잘 보내는 것이 과오에 떨어져 영생을 사는 것보다 훨씬 더 낫다. _키케로
경박함과 허영과 악에서 저를 구하소서. 온갖 천박한 일에서 벗어나게 하시고 내 영혼을 지식과 깨달음이 있는 평강, 그리고 순수한 덕으로 채워주소서. _톰슨

프랭클린은 한번 정한 원칙을 지켜나갔다. 처음에는 수첩이 까만 점으로 가득했지만 시일이 지남에 따라 까만 점은 점점 그 수가 줄어들었다. 그렇게 덕목들을 실천해나가면서 부수적인 이득이 생겼다. 자신의 장단점에 대해 분명히 알게 된 것이다. 프랭클린이 가장 어려워한 덕목은 질서의 덕목이었다. 어려서부터 물건을 늘어놓고 일하는 데 익숙한 탓에 제대로 정리하는 일은 생각보다 어려웠던 것이다. 하지만 프랭클린은 결코 포기하지 않았다. 지키기 싫은 유혹이 거세게 다가왔지만 그것들을 핑계로 여기지 않고 극복하려 했다.

처음에 열두 개이던 덕목은 곧이어 열세 개로 늘어났다. 그의 벗들이 가끔이지만 그가 오만하다고 지적했기 때문이다. 그는 겸손함의 덕목을 추가했다. 그는 평생을 열세 개의 덕목을 지키고 실천하는 일에

몰두하며 살아갔다. 이러한 습관은 그에게 예기치 않았던 성공을 가져다주기도 했다. 그가 펴낸 《가난뱅이 리처드의 달력 Poor Richard's Almanack》은 사실 프랭클린이 준수하던 덕목 수첩의 일반판이라고 할 수 있다.

프랭클린은 달력을 발간하기로 결심하면서 재미있으면서도 유익한 달력을 만들기를 원했다. 그는 달력의 빈칸에 자신이 생각하기에 기억하면 좋을 법한 경구들을 써넣었다. '빈 자루는 똑바로 세우기 힘들다' 같은 것들인데 이는 가난한 사람은 정직하기가 힘들다는 뜻의 경구였다. 당시는 책 한 권 사기도 힘들 때였다. 각종 책에서 인용한 경구들로 가득한 달력은 이내 큰 인기를 끌기 시작했다. 그의 경구는 신문에도 실렸고, 달력은 해외에까지 수출되었다. 해마다 만 부 정도를 찍었다고 하니 당시의 사정을 감안하면 경이적인 부수가 아닐 수 없다. 프랭클린은 이 달력을 25년 동안 발간했으며 그 결과 《가난뱅이 리처드의 달력》은 그가 출판한 출판물 중 가장 많은 수익을 안겨준 출판물이 되었다.

오늘날 프랭클린은 가장 지혜로운 미국인으로 불린다. 정규교육은 거의 받지 못했지만 그는 거의 전 영역에 자신의 흔적을 남겼다. 남들은 한 가지도 제대로 하기 어려운 일들을 혼자 해낸 데에는 젊은 시절 그가 작성하기 시작했던 '덕목 수첩'이 큰 역할을 했다. 그는 하루하루를 부질없이 흘려보내지 않았으며 잠들기 전에는 그날의 잘못을 반성하며 하루를 마감했다. 그의 성공을 이끌어낸 것은 한 권의 얇은 수첩이라고도 할 수 있다.

벤자민 프랭클린에게 얇은 수첩이 있었다면 세계적인 경영 컨설턴트 짐 콜린스에게는 화이트보드와 스마트폰, 그리고 액셀 프로그램이 있었다. 짐 콜린스는 자신의 일을 '창조적인 일, 가르치는 일, 기타' 이렇게 세 가지로 구분하고 각각의 비율을 50 : 30 : 20으로 맞추기 위해 노력한다. 단순히 말로만 노력하는 것이 아니라, 날마다 시간을 구분해 각각의 영역에 얼마나 많은 시간을 썼는지를 기록해나간다. 예를 들면 이런 식이다. 44 : 35 : 21. 문제는 매일의 시간을 어떻게 기록해 나가느냐에 있다. 짐 콜린스는 이를 위해 휴대폰에 내장된 스톱워치를 활용한다. 세 가지 다른 스톱워치를 사용해 각각에 사용된 시간을 기록해나간다. 그런 뒤 하루를 마치기 직전 그날의 기록 결과를 액셀 프로그램에 저장한다. 이렇게 함으로써 한 달, 혹은 1년간에 걸쳐 세 가지 일에 쓴 시간의 비율을 측정할 수 있는 것이다.

세부 규칙을 정하고 나쁜 버릇을 없애는 데 있어 빼놓을 수 없는 인물이 또 있다. 바로 아이젠하워 대통령이다. 아이젠하워가 세웠던 책상 정리의 원칙은 세부 규칙을 정하는 습관의 아름다운 본보기다. 아이젠하워는 우선 책상 위에 가득한 물건들을 네 가지로 분류했다. 그 각각은 이렇다. 버려야 할 것, 다른 이들과 관련된 것, 지금 해야 할 것과 관련된 것, 기타.

그런 뒤 그에 필요한 물건들 역시 네 가지로 분류해 4등분한 공간 중의 한 곳에 배치한다. 이때 중요한 것은 정리하는 동안 다른 일을 하지 않는 것이다. 어설프게 양다리로 걸쳐놓는 물건들이 발생하지 않도록 해야 하며 예외를 만들지 않는 것 또한 무척 중요하다. 이렇듯 엄격하게 책상 위를 정리한 뒤에야 비로소 아이젠하워는 업무를 시작했다.

벤저민 프랭클린, 짐 콜린스, 아이젠하워의 방식이 반드시 정답인 것은 아니다. 하지만 무엇부터 손대야 할지 모르는 상황이라면 일단 규칙을 정하고 자신의 주변을 정리하는 습관을 들이는 것이 문제 해결에 큰 도움을 줄 것은 분명하다.

늘 올바른 자세를
신경 쓴다

단 한 걸음을 걸으면서도 온갖 잡생각에
빠지는 것이 바로 사람이란 존재의 특성이다.
그것을 막기 위해서는 우선 올바른 자세를 취해
몸가짐부터 올바로 하는 것이 중요하다.

- 이황이 술 때문에 힘들었던 경험을 통해 얻은 깨달음

　퇴계 이황 하면 범접하기 힘든 인물 같은 느낌이 있다. 이황의 삶을 살펴보면 그런 생각이 틀린 것은 아니다. 고위 관료로 지내며 편안하게 살 수 있는 기회가 여러 번 있었지만, 그때마다 거부하고 궁벽한 산속의 좁은 학당에 틀어박혀 학문을 연마했다. 죽음과 관련된 일화 또한 이황에 대한 신비감을 더해준다. 죽기 며칠 전까지 제자들에게 학문을 강론했으며, 죽음이 임박함을 느끼고는 가까이에 있던 매화 화분을 치우라고 했다. 병이 심해져 설사가 잦았는데 그 더러운 기운이 매화에 옮겨지기를 꺼려했기 때문이다. 죽기 직전엔 흰 구름이 지붕 위로 모여들고 눈이 내리기 시작했다고 한다. 이황은 제자들에게 몸을 일으켜달라고 말하고는 그대로 세상을 떠났다. 죽은 뒤에야 비로소 구름이 흩어지고 눈이 개었다. 신비감마저 느껴지는 장면이다.
　하지만 이는 아마도 훗날 제자들이 미화한 모습일 것이다. 실제의 이황은 완벽한 사람은 아니었다. 이황은 웬만한 이들은 쉽게 합격하는 소과에도 세 번 연속 낙방하는 기록을 세웠다. 다행인 것은 이황이 그런 일에 쉽사리 낙담하는 사람이 아니었다는 점이다. 훗날 그는 이때의 심정을 김성일에게 말한 바 있다.

"세 번 연거푸 실패했으나 나는 결코 의기소침하지 않았다."

이황은 34세 때 과거에 급제한 후 비로소 관료의 길에 들어선다. 관료 생활을 시작했을 때 그의 모습은 우리의 생각과는 많이 달랐다. 매일 밤 술자리에 참여하느라 다른 일을 하지 못할 정도였다고 하니, 또래의 젊은이들과 하등 다를 것이 없었다. 심지어는 기생이 있는 술자리에도 자주 참석했다. 훗날 이황은 술을 거의 마시지 않았지만, 젊은 날의 이황은 술을 제법 즐길 줄 아는 남자였고, 그로 인한 문제도 여러 차례 일으켰다. 이황은 제자들에게 마음가짐의 중요성에 대해 이야기하면서 자신의 경험을 예로 들었다.

한번은 술을 마시러 가는데 가는 길이 제법 험해 말고삐를 잡은 손에 힘을 주고 덜덜 떨면서 갔다. 돌아올 때는 딴판이었다. 술에 잔뜩 취한 까닭에 좌우의 낭떠러지가 하나도 무섭지 않았던 것이다. 이는 물론 경계하라는 뜻으로 한 말이지만 그 속을 들여다 보면 이황이 술을 무척 즐겼다는 사실을 알 수 있다. 심지어는 술에 취해 말에서 떨어진 적이 있다고 고백하기도 했다. 만취하지 않고서야 겪기 힘든 일이다.

하지만 어느 날 술자리 이후 이황의 삶은 달라졌다. 앞에서 예로 든

기생과의 술자리에서 이황은 너무도 마음에 드는 여인을 발견하게 된다. 그 순간 깨달음이 찾아왔다. 이런 식으로 살다가는 살아도 사는 것이 아닌 게 될 거라는 깨달음이다. 그는 이것을 '삶과 죽음의 갈림길'이라는 말로 표현했다. 그 뒤로 이황은 술을 멀리한다. 그러고는 자신의 마음을 다잡으며 학문에만 매진하게 된다.

그래서인지 이황이 가장 신경을 쓴 것은 바로 올바른 자세였다. 사람의 마음이란 흔들리기 쉽고 잡념에 사로잡히기 쉽다는 사실을 깨달았기 때문이다. 그가 생각하기에 단 한 걸음을 걸으면서도 온갖 잡생각에 빠지는 것이 바로 사람이란 존재의 특성이었다. 그것을 막기 위해서는 우선 올바른 자세를 취해 몸가짐부터 올바로 하는 것이 중요했다.

이황은 먼저 자신의 주변부터 말끔하게 정리했다. 책상은 늘 깨끗하게 닦아놓았으며 책장에 책을 꽂아두되, 순서대로 정리해 찾아보기 쉽게 해두었다. 아침에는 늘 일찍 일어났다. 해가 뜨기 전, 아직 어둠이 채 가시지 않았을 때 자리에서 일어나 이부자리를 정돈하고 세수를 한 후 의관을 정제했다. 그러고는 방 안에 향을 피웠다. 이렇게 준비를 한 후 책을 펼쳐서 읽어나갔다. 자세는 오직 한 가지였다. 허리를 쭉 펴고 꼿꼿한 자세로 앉아 있었다. 지루할 때면 기대거나 눕거나 하기 마련이지만, 이황은 그런 모습을 보이지 않았다. 정 피곤해지면 잠시 눈을 감았다가 뜨는 것이 전부였다.

다른 이들과 만날 때도 이러한 습관은 바뀌지 않았다. 말년에 제자들을 들여 교육할 때의 일이다. 이황은 제자들 앞에서도 옷을 제대로 갖춰 입었으며, 몸을 이리저리 움직이지 않았다. 스승이 이러하니 제자들도 스승을 따라 몸가짐을 바로 할 수밖에 없었다. 하지만 교육 내용이 딱딱한 것은 아니었다. 이황은 제자들을 다그치지 않았다. 언제나 낮은 목소리로 자신의 생각을 전할 뿐이었다. 간혹 스승의 가르침에 이의를 제기하는 제자들도 있었다. 이황은 자신의 생각을 결코 고집하지 않았다. 마치 초학자처럼 진지하게 제자들의 의견을 듣고 깊이 생각했다. 그러고도 쉽사리 결론을 내리지 않았다. 여러 차례 대화를 주고받으며 모두가 납득한 후에야 비로소 결론을 내리는 방식을 택했다. 그 과정에서도 미리 단정 짓는 투의 말은 피하려 애썼다. "나의 의견은 이러한데 어떨지 모르겠다"라고 말하는 것이 고작이었다.

스승의 이러한 태도가 제자들에게는 부담이 될 수도 있었다. 그래도 이황은 자신의 태도를 바꾸지 않았다. 그의 생각은 이랬다.

"자신을 버리고 남을 따를 줄 모르는 것이 공부하는 사람의 큰 폐단이다. 천하의 의리가 무궁한데 어찌 나만이 옳고 남은 그르다고 말할 수 있겠는가."

손님을 접대할 때도 마찬가지였다. 영천 군수 이명은 무척이나 무례한 사람이었다. 이황을 찾아와서는 함부로 말하는 것은 물론이고 가래침을 뱉는 등의 행동도 서슴지 않았다. 하지만 이황은 그 자리에서 그의 잘못을 지적하지 않았다. 그저 처음부터 끝까지 정중하게 대할 뿐이었다. 나중에 제자들이 왜 그를 나무라지 않았느냐고 하자, 이황은 스스로 깨닫는 것이 가장 중요하다는 말로 자신의 생각을 밝힐 뿐이었다. 자신의 올바른 태도로 상대방이 바뀌길 원한 것이다.

이황은 또한 아무리 낮은 사람의 의견이라도 절대로 무시하지 않았다. 심지어는 종들이 하는 이야기도 귀 기울여 듣고 한참을 생각한 후에야 답변을 했다. 모르는 것을 부끄럽게 여기지 않는 것도 그의 장점이었다. 그는 질문하는 것을 좋아했고 새로운 사실을 깨달았을 때는 어린아이처럼 기뻐하기도 했다. 그는 자신에게는 엄격했지만 상대방에게는 그렇지 않았다. 그 때문에 그의 곁에는 사람들이 끊이지 않았고 마을 사람들도 그의 존재를 부담스럽게 여기기는커녕 자랑스럽게 생각했다.

검소한 것을 숭상하는 것도 올바른 자세를 추구하는 마음과 관련이 있다. 그는 화려한 것을 싫어했다. 세숫대야는 질그릇을 썼고 늘 베옷을 입고 짚신을 신었다. 한번은 영천 군수가 지나가다 들렀는데 그의 거처가 허름한 것을 보고 깜짝 놀라 물었다.

"이렇게 허름한 곳에서 어찌 견디십니까?"

하지만 이황은 웃으며 이렇게 말했을 뿐이다.

"오랫동안 습관이 되어 어려운 줄 모릅니다."

이황은 처음부터 훌륭한 사람은 아니었다. 하지만 그는 술에 취해 일생을 보내는 것의 허망함을 깨달았고 그 뒤로는 학문에 매진했으며, 그 방법론으로서는 제일 먼저 몸가짐을 올바르게 하는 것을 택했다. 영천 군수에게 한 말을 보면 그렇게 익힌 몸가짐은 이제 온전한 습관이자 천성이 되어 그의 삶을 지배했음을 알 수 있다. 이황이 죽은 후 이이가 쓴 글에는 그가 추구한 삶의 결과가 제대로 나타나 있다.

"일상생활에서는 잘난 체하지 않아서 남보다 나은 것이 조금도 없는 듯했다."

대학자임에도 조금도 그러한 티를 내지 않았다는 뜻이다. 물론 이런 경지에 쉽게 오른 것은 아닐 터. 수많은 시간 동안 몸가짐을 바로하고 마음을 닦은 결과 이를 수 있는 특별한 경지이다. 이황의 삶을 통해 우리는 깨달음의 중요성, 그리고 그 깨달음을 구체화하기 위해 자신의 몸가짐부터 바로 하는 습관이 얼마나 큰 결과를 가져오는지를 알 수 있게 된다.

뉴잉글랜드 지방 버몬트 산간에서 자급자족의 삶을 살았던 스코트 니어링과 헬렌 니어링 부부가 세웠던 삶의 원칙들은 이황의 삶의 자세, 즉 몸가짐을 바로 하고 마음을 바로 닦는 것을 사회적인 수준으로 끌어올린 것이다. 한 번도 시골 생활을 해본 적이 없는 이들 부부는 한번 세웠던 삶의 자세를 죽는 날까지 바꾸지 않음으로써, 모두들 불가능하다고 여겼던 자급자족의 생활을 완성해냈다. 그들이 자급자족을 이루기 위해 정했던 원칙들의 일부를 헬렌 니어링의 저서 《조화로운 삶》에서 인용해본다.

- 우리 밥상에 올리기 위해 땅과 기후가 허락하는 한 곡식을 많이 가꾼다.
- 거둔 곡식을, 우리가 생산하지 않거나 생산할 수 없는 곡식이나 물건들과 바꾼다.
- 연료로 나무를 때며, 나무는 우리 손으로 해온다.
- 농장에 있는 나무와 돌을 써서 필요한 건물을 짓되, 반드시 스스로 한다.
- 썰매, 짐수레, 모래 치는 망, 사다리 같은 장비들을 만든다.
- 돈을 주고 사야만 하는 장비, 연장, 부속품, 기계와 같은 도구는 되도록 적게 쓴다.
- 트랙터, 경운기와 같은 기계 장비들을 써야 한다면 동네 사람들에게 잠시 빌리거나 다른 것과 바꿔 쓴다.

이 원칙들을 관통하는 것은 남에게 의존하지 않고 스스로 문제를 해결하려는 마음가짐이다. 이는 자신을 돌아보는 것으로 하루를 시작하고 몸과 마음을 가다듬었던 이황과 하나 다르지 않은 마음가짐이다. 삶에 대한 올곧은 자세가 그들의 성공 비결이었던 것이다.

이러한 점에서 에릭 슈미트Eric Schmidt 구글 회장의 발언은 인상적이다. 그는 최고경영자 시절 자신이 저지른 가장 큰 실수는 페이스북에 대해 신속히 대처하지 못한 점이라고 고백했다. 2001년부터 구글 CEO를 맡았던 슈미트는 2011년 4월 공동 창업자인 래리 페이지Larry Page에게 자리를 넘기고 회장으로 물러났다. 자신을 돌아보고 더 늦기 전에 올바른 결정을 내릴 줄 알았던 그의 미래가 그리 어둡지만은 않을 것을 예감할 수 있는 장면이다.

주변을 돌아보면, 자신의 과오에 따르는 좌절을 겪고, 그제야 비로소 다시 삶을 회복하기 위해 노력하는 사람들이 많다. 그러나 그 회복의 시간과 노력을 따져보면 얼마나 더디고 힘든지 모른다. 그렇기 때문에 현명한 사람들은 평소에 자신을 돌아보고 올바른 자세를 잃지 않기 위해 유념할 줄 아는 것이다.

파격을 추구한다

"예법에는 없는 행동이니 다른 데 말하지는 말아라."
- 인습에 얽매이는 것을 가장 싫어한 박지원

캐시어스 클레이Cassius Clay라는 이름은 낯설다. 그도 그럴 것이 캐시어스 클레이는 무하마드 알리의 개명 전 이름이기 때문이다. 이름을 개명한 것처럼 그의 삶은 파격의 연속이었다. 물론 그 파격이 가장 돋보였던 순간은 사각의 링에서였다. 무명의 알리를 모든 이들에게 각인시킨 것은 바로 당시 무적으로 여겨졌던 소니 리스턴Sonny Liston과의 대결이었다. 마른 체격의 알리는 여러모로 헤비급에 어울리지 않는 선수였다. 거기에다 그에게는 진중한 맛이라고는 전혀 없었다. 리스턴에게 권투를 제대로 하는 법을 알려주겠다고 떠벌이는가 하면, 체중 검사 도중에는 아예 리스턴을 향해 욕을 퍼붓기도 했다. 그러나 시합장에서 벌어진 경기 스타일에 비하면 그때까지의 기행들은 약과였다.

경기가 시작되자 알리는 대부분의 헤비급 선수들과는 완전히 다른 스타일을 선보였다. 묵직한 주먹을 교환하며 승부를 벌이는 게 아니라 마치 에어로빅이라도 하듯 경기장 안을 빙빙 돌기 시작한 것이다. 시작부터 잔뜩 벼르고 나왔던 리스턴은 당황했다. 마구 주먹을 휘둘러보았지만 발 빠른 알리는 쏙쏙 빠져나가기만 했다. 리스턴은 그럴수록 더욱더 크게 주먹을 휘둘렀다. 그리고 몇 초 후 리스턴은 그대로 바닥에 쓰러지고 말았다. 전광석화 같은 알리의 카운터 펀치에 무릎을 꿇은 것이다.

리스턴은 경기가 끝난 후에도 자신이 도대체 어떤 펀치에 당했는지 알 수가 없었다. 리스턴을 무릎 꿇린 것은 카운터 펀치였지만, 실은 그 전에 알리가 선보인 파격적인 태도야말로 리스턴 격파의 선봉이었다. 예측하지 못한 일련의 행동에 노출된 순간부터 리스턴의 패배는 예견된 것이다. 훗날 '나비처럼 날아 벌처럼 쏘라'라는 말로 아름답게 표현된 알리의 권투 스타일은 사실 경기 스타일만 말하는 것은 아니었다. 남들이 가지 않은 길을 두려움 없이 선택했던 알리의 삶 전체를 가로지르는 말이 바로 나비와 벌로 요약된 것이다.

알리처럼은 아니나 파격적인 삶으로 일생을 살았던 이가 우리 역사 속에도 있다. 그의 이름은 바로 연암 박지원이다.

박지원은 유머의 달인이기도 했다. 양양부사를 그만두고 돌아왔을 때의 일이다. 이웃들과 술자리를 하는데 급여 이야기가 나왔다. 박지원은 하필 재물을 두고 이야기가 오가는 것이 못마땅했다. 서로가 받은 급여를 말하는데 마침내 박지원 차례가 되었다. 그는 눈 하나 깜짝하지 않고 1만 2,000냥을 받았다고 말해버렸다. 모두가 깜짝 놀란 것은 당연한 일. 일개 지방관의 급여치고는 너무 많았기 때문이었다. 믿기지 않는 얼굴을 하고 있는 사람들에게 박지원이 일갈한다.

"바다와 산의 빼어난 경치가 1만 냥 가치는 되고 급여가 2,000냥이니, 넉넉히 금강산 1만 2,000봉과 겨룰 만하지 않소!"

그제야 농담임을 깨달은 사람들은 큰 소리로 웃었지만 속으로는 뜨끔했을 것이다. 그것은 그냥 농담이 아니라 뼈가 있는 농담이었으니 말이다.

이렇듯 박지원은 농담으로 유명했지만 정작 아들인 박종채는 아버지가 오로지 농담만으로 유명세를 얻는 것이 못마땅했던 듯싶다. 그는 박지원의 행적을 글로 남긴 《과정록過庭錄》에서 《열하일기》에 농담조의 글이 많은 것은 낯선 땅의 풍속을 알기 쉽게 전달하려는 의도가 있었기 때문이라는 설명으로 아버지를 변호하고, 그도 모자라 아버지의 처남인 이재성의 글까지 동원한다.

"우언은 궤변으로 세상을 농락한 것이고, 우스갯소리는 실상이 아니라 거만하게 세상을 조롱한 것이다!"

박지원의 농담이 실없는 것이 아니라 세상을 조롱하고 풍자한, 의미 깊은 것이라는 뜻이다. 앞서 예로 들었던 농담을 봐도 박종채의 주장이 틀린 것은 아닌 듯싶다. 그의 농담은 분명 그저 웃자고 하는 농담은 아니었다. 이렇듯 농담 하나를 해도 박지원은 남들과 다르게 했다. 하지만 박지원의 진면목은 단지 농담에 있지 않았다. '파격'이라는 측면에서 볼 때 그를 더 잘 이해할 수 있다.

안의현감으로 있을 때의 일이다. 굶주리는 백성들이 많아 구휼 사업을 벌이기로 했다. 관아에서 구휼할 때는 보통 큰 소란이 일어나기 마련이다. 서로 많이 받아가겠다고 아우성치는 사람들은 물론이고, 그 과정에서 여러 가지 농간이 일어나기도 한다. 박지원은 이런 사태를 막기 위해 파격적인 조치를 취했다. 그는 먼저 백성들을 관아에 모두 불러 모았다. 그러고는 그들을 동리와 남녀에 따라 각기 다른 곳에 서게 했다. 어느 정도 정리가 되자 박지원은 동헌에 앉았다. 그의 앞에 구휼 사업에 쓰일 죽 한 그릇이 놓였다. 상도 없이 그냥 바닥에 말이다. 박지원은 그 죽을 싹싹 비웠다. 그러고는 자신이 나서서 사람들에게 차례로 죽을 나누어주었다. 분란은 없었다. 수령이 자신들과 똑같은 죽을 먹는 순간 백성들은 그가 결코 자신들을 차별하지 않을 것임을 깨달은 것이다. 박지원이 아니고서는 생각할 수 없는 파격적인 방법이다.

또 다른 사례를 들어보자. 늘 술에 취해 다른 이를 때리며 행패를 부리는 사람이 있었다. 하루는 아전이 그에게 쫓겨 헐레벌떡 관아로 들어왔다. 그가 행패를 부리는 것도 모자라 이번에는 몽둥이로 아전을 때리려 했다는 것이다. 보통의 수령 같으면 행패 부린 이를 잡아다 옥에 가두었을 것이다. 박지원은 달랐다. 그는 글자 새기는 장인을 불러 몽둥이에 자신이 부르는 문구를 새기게 했다. 다음과 같은 문구였다.

오호라 이 큰 몽둥이 누가 만들었나? 행패 부린 아무개가 만들었지. 주정과 행패 너에게서 나왔으니 너에게로 돌아가야지.…… 마을 문 곁에다 이 몽둥이를 걸어두세. 회개하지 않는다면 함께 이 몽둥이로 때려주세. 사또가 그걸 허락함을 이 글로 증명한다.

또 한 번 행패를 부리면 누구든 이 몽둥이를 들어 행패 부린 이를 때려도 좋다는 뜻이었다. 박지원은 행패 부린 이의 심성이 나쁘지 않음을 알고 있었다. 섣불리 옥에 가두었다가는 정말로 나쁜 길로 빠질 가능성이 있었다. 그걸 알기에 마을 사람들 모두가 알게 경고하는 선에서, 그리고 당사자도 머쓱하지만 웃음을 머금고 끝낼 수 있는 방식으로 일을 해결한 것이다.

벗에게 취한 특별한 조치 또한 박지원의 파격을 논할 때 빼놓을 수 없다. 백동수는 박지원과 무척 가까운 사이였다. 뛰어난 무술 솜씨를 지녀 기남자奇男子로 인정받는 백동수였지만, 단 한 가지 술버릇이 나빴다. 술에 취하면 박지원을 찾아와 주정하기가 일쑤였다. 참다못한 박지원은 하루는 판자를 들고 백동수의 볼기짝을 열 대 쳤다. 백동수는 처음에는 장난으로 받아들였지만 박지원의 태도가 진지한 것을 알고 이내 고개를 숙였다. 이후로 백동수는 다시는 술주정을 하지 않았다. 그는 나쁜 버릇을 어떻게 고쳤는지를 묻는 사람들에게 이렇게 답했다고 한다.

"내가 연암공의 책망을 들은 적이 있소이다."

가까운 벗이니 그냥 둘 수도 있었겠지만 박지원은 오히려 과감하게 볼기짝을 때렸다. 생각지도 못한 그 일침이 백동수의 마음가짐을 바꾸어 놓은 것이다.

이와는 다른 파격도 있다. 안의현감 시절 낮잠을 자고 일어난 박지원은 아전에게 숲속에다 술자리를 준비하도록 명령을 내렸다. 술자리가 준비되자 옷을 갖춰 입고 제사를 지낸 후 음식을 사람들에게 나눠 주었다. 박지원의 난데없는 행동에 모두 당황했다. 아들인 박종채가 그 이유를 물었다. 그의 대답이 다음과 같았다.

"꿈속에서 옛 친구들을 만났다. 고을 원이 되었는데 자신들을 대접하지 않는다고 투정을 부리더구나. 꿈에서 깨어 가만 생각해보니 그들은 모두 세상을 떠난 자들이었어. 그래서 상을 차려 제사를 지내고 술을 올린 것이다. 예법에는 없는 행동이니 다른 데 말하지는 말아라."

글 짓는 방법 또한 지극히 박지원다웠다. 비 오는 어느 날 손님이 찾아왔을 때의 일이었다. 잠시 양해를 구하고 편지지를 앞에 놓고 있던 박지원은 느닷없이 주사위를 가져왔다. 그러더니 혼자서 쌍륙놀이를 하는 것이었다. 그렇게 한참을 놀더니 마침내 빙그레 웃음을 지은 후 편지를 썼다.

"긴 봄날 혼자 우두커니 앉아 쌍륙놀이를 합니다. 오른손은 갑이 되고 왼손은 을이 되어 '다섯이야!' '여섯이야!'를 외치는 중에도 나와 네가 있어 이기고 지는 것에 마음을 쓰게 되니, 문득 상대편이 적으로 느껴집니다. 내가 나의 두 손에 대해서도 사사로움을 두고 있는 것인지."

옆에 있던 손님은 박지원이 왜 이렇듯 기이한 행동을 했는지 알아차렸다. 손님이 웃으며 답했다.

"저는 선생님이 혼자 쌍륙을 치신 게 놀이에 뜻이 있어서가 아니라 글을 구상하기 위해서라는 걸 처음부터 알아차렸습니다."

글이 떠오르지 않자 쌍륙놀이를 통해 글을 풀어간 연암의 파격도 놀랍고, 그런 행동의 의미를 정확하게 파악한 손님의 식견도 놀라울 따름이다.

박지원이 가장 싫어한 것은 낡은 인습에서 벗어나지 못하고 눈앞의 이익만 쫓아 적당히 임시변통으로 하는 행동이었다. 그는 천하만사가 그러한 행동 때문에 잘못된다고 생각했다. 박지원은 인습에 빠져 살지 않았다. 인습에 발목 잡히지 않으려 늘 추구한 것이 바로 파격이었다. 파격은 튀어 보이기 위한 행동이 아니었다. 올바로 살기 위한 치열한 방법론이었다. 이익모의 논평은 박지원의 글이 지닌 매력의 근원을 정확하게 우리에게 설명해준다.

내가 처음 글을 지었을 땐 내 글이 박지원의 것보다 낫다고 생각했다. 조금 지나자 나는 내 글이 그의 글보다 못하다는 것을 깨닫게 됐다. 얼마 후 내 글이 그의 글에 도저히 미칠 수 없음이 명백해졌다.

읽으면 읽을수록 새롭고 의미가 깊어지는 것이 박지원 글의 특징이다. 그것은 그가 인습에 얽매이지 않는 파격을 제일의 가치로 여기고 일생을 바쳐 추구했기 때문이다. 농담과 재기는 그중 극히 일부에 지나지 않는다.

그가 죽은 지 200년이 넘었지만 박지원의 글은 우리 문학사상 최고의 글로 인정받고 있다. 평범을 거부한 그의 선택이 틀리지 않았음을 보여준다.

아이젠하워는 앤드류 히긴스Andrew Higgins라는 사람이 개발한 상륙정 '유레카'가 전쟁 승리의 한 원인이 되었다고 말한 적이 있다. 재미있는 것은 앤드류 히긴스는 선박 기술을 전공한 사람을 하나도 채용하지 않았다는 사실이다. 앞서 언급한 알리와 박지원을 함께 떠올려보자. 때로는 파격이 정석을 이기는 법이다.

토론과 경청을 중시한다

"경들의 의견은 어떠한가?"
- 경연을 좋아한 세종이 즐겨 한 말

　세종 사망 후 사관이 "잠시도 쉬지 않은 임금"이라고 평가한 것은 세종이 어떤 임금이었는가를 잘 말해준다. 사관의 말대로 세종은 부지런한 임금이었다. 새벽마다 일찍 일어나 옷을 입고 날이 밝기를 기다렸다가, 신하들의 조회를 받은 뒤 그날의 주요 안건을 토론했으며, 경연에도 빠짐없이 참석하고 일과가 끝난 후에는 책을 읽었다. 그야말로 쉴 틈 없이 생활했던 임금이었다.

　세종의 또 다른 장점은 책벌레라는 사실이다. 왕위에 오르기 전에는 아예 책을 눈에 붙이다시피하고 살았다. 밤새 책을 읽는 것은 기본이었고, 밥을 먹는 시간도 아까워 상 옆에 책을 펼쳐놓았으며, 병에 걸린 상황에서도 책을 놓지 않았다. 세종실록에서는 그가 왕위에 오를 수 있었던 이유로 책 읽기를 좋아한 사실을 들고 있다. 하지만 책 읽기는 세종을 훌륭한 임금으로 만드는 데 극히 작은 역할만을 했을 것이다. 그보다 더 중요한 것은 세종이 토론과 경청을 그 무엇보다도 중요시했다는 데에 있다. 단지 책 읽기로 얻은 지식만 강조했다면 독단적인 임금이 되었을지도 모른다. 다른 이들의 말에 늘 귀를 열어두었기에 모든 이들의 신뢰를 얻을 수 있었고, 그러한 덕분에 훌륭한 통치가 가능했다.

　세종의 말버릇은 "경들의 의견은 어떠한가?"였다. 명백해 보이는 사안을 놓고도 세종은 쉽게 결론을 내리지 않았다. 신하들의 의견을 들은 뒤에야 결정을 내렸다. 실록에서는 이러한 세종을 두고 '낙어토론樂於討論'이라는 표현을 썼다. 토론과 경청에 대한 세종의 의지마저 느껴지는 표현이다. 태종이 자신의 후계자로 양녕대군을 제치고 세종을 낙점한 것도 실은 그 이유 때문이었다. 태종은 세종에게서 아버지 태조 이성계의 모습을 보았다. 태조는 말수가 적은 편이었으나, 그와 대화하는 이들을 편안하게 만드는 재주를 지니고 있었다. 세종 또한 그와 비슷했다. 세종도 말수가 적으면서 항상 남의 말을 귀 기울여 듣는 습관을 지녔다. 그러면서도 결정적인 순간에는 한마디를 빼놓지 않았는데, 그 말이 상대방을 자극하기는커녕 오히려 활발한 토론을 불러일으키는 역할을 했다. 훗날 왕위에 오른 세종의 통치술을 보면 태종의 사람 보는 눈이 지극히 정확했음을 알 수 있다.

　토론과 경청을 중시하는 세종의 통치 방법은 우리 역사상 최초라 불러도 좋을 전국적 여론 조사 실시라는 결과를 낳았다. 세종 당시 전세田稅는 관원이 현장에 나가 직접 조사하는 방식으로 정해졌다. 작황을 현장에서 확인하고 세금을 매긴다는 면에서 일견 합리적으로 보이지만, 관원이 조작할 여지가 많다는 것이 문제였다. 이에 따른 소란이 끊이지를 않자 세종은 미리 세율을 정해놓고 세금을 받는 공법貢法 체계로 바꾸려는 시도를 했다. 하지만 세종은 단번에 제도를 바꾸지 않았다. 많은 이들의 이해관계가 얽힌 사안이었기 때문이었다. 세종은 먼저 재위 9년(1427년) 시행된 과거 시험을 통해 전세에 대한 의견을 구한다. 지식인층의 의견을 경청한 세종은 1430년 전국적인 여론 조사 실시를 명한다. 파격적인 것은 양반뿐만 아니라 농민들의 의견까지 물었다는 것이다.

이때 나온 여론 조사 결과가 재미있다. 현직 관료들 중 공법 체계로 바꾸는 데 찬성한 이는 259명, 반대한 이는 393명이었다. 전직 관료들 중 찬성한 이는 443명, 반대한 이는 117명이었다. 이는 그 당시의 제도가 관료들과 모종의 관계가 있었음을 시사한다. 백성들의 의견까지 모두 취합한 결과 찬성이 반대보다 약간 높은 수치를 보였다.

이렇듯 관료들과 백성들의 의중을 확인한 후에도 세종은 서두르지 않았다. 1436년 공법상정소를 설치한 후 다시 8년이 흐른 1444년에야 비로소 토지 비옥도와 그해의 풍흉을 고루 반영한 두 가지 척도로 이루어지는 공법을 시행했던 것이다. 사소한 의견 하나라도 놓치지 않고 들으며, 성급한 제도 시행으로 야기될 수도 있는 부작용을 최소화하려는 세종의 의지가 느껴진다.

이보다 앞서 부민고소방지법 개정을 둘러싸고 벌인 토론 과정에서도 세종은 여타 임금과는 사뭇 다른 모습을 보여주었다. 부민고소방지법이란 종은 주인을 고소할 수도 없고, 설령 고소하더라도 사법 당국은 그 고소 내용에 대해 조사할 수도 없다는 내용이 담긴 법이었다. 아랫사람이 윗사람을 고소할 경우 벌어지는 사회적 기강 해이를 염려해 만들어진 법이었으나, 윗사람에게 억울한 일을 당해도 호소할 방법이 없다는 약점을 지닌 법이기도 했다. 이렇다 보니 정황상 윗사람의 잘못이 명백한데도 그 어떤 처벌도 할 수 없다는 이상한 현실을 양산하고 있었다. 애민 정신이 투철한 세종은 이 부분에 대해 상당히 마음 아파했다. 그러면서도 당장 법을 고치라고 명령하지는 않았다.

세종은 먼저 이 사안을 두고 신하들이 토론을 벌이도록 했다. 그리고 토론 과정을 지켜보면서 자신의 의견을 조금씩 피력해나갔다. 고소의 통로마저 막아버리는 것은 지나친 일이며 정치의 올바른 도리를 저버리는 것은 아닌가 하는 의견이었다. 그러고는 마침내 자신의 생각을 밝혔다. 억울함을 호소하는 고소는 받아주되, 그로 인해 윗사람을 처벌하는 일은 없애도록 하자는 의견이었다. 고소권을 보장해주면서도 윗사람과 아랫사람의 분별은 유지하자는 일종의 절충안이었다. 이러한 결론이 도출되는 데 2년의 시간이 걸렸다. 세종다운 방식을 통한 결론이 아닐 수 없다.

인재를 등용하는 일에 있어서도 세종은 신하들의 의견에 귀를 기울였다. 1429년 황희는 세종에게 경기좌도 찰방으로 안숭선을 추천했다. 그런데 비판이 줄을 이었다. 황희가 안숭선의 아버지 안순과 가깝다는 것도 문제였고, 안숭선이 죄를 지어 물러난 지 한 달밖에 되지 않았다는 것도 문제였다. 세종조차도 불만이 많았던 추천이었다. 하지만 세종은 자신의 의견을 주장하는 대신 황희가 안숭선을 추천한 이유를 생각했다. 그러고는 황희의 추천을 받아들였다. 결과는 탁월했다. 안숭선은 세종의 마음을 읽는 데 뛰어났다. 그는 세종의 의중을 정확히 관료들에게 전달했고 관료들의 생각 또한 윤색 없이 세종에게 전달했다. 그가 있었기에 세종과 관료들의 의사소통은 원활하게 진행될 수 있었다.

1432년 여진족 족장 이만주가 북방 지역을 쑥대밭으로 만들었을 때도 마찬가지였다. 세종은 여진족 토벌 여부를 토론에 붙였다. 사실 세종의 마음은 토론 이전에 이미 정해져 있었다. 자국 영토를 침범한 세력을 그냥 둘 수는 없다는 것이 그의 생각이었지만, 그럼에도 서두르지 않고 모든 이의 의견을 경청했다. 이 과정을 통해 토벌을 할 것인가, 말 것인가, 토벌을 한다면 어떤 방식으로 할 것인가, 토벌 시기는 언제로 할 것인가 등의 중요한 사항들이 결정되었다. 모두가 함께 토론했기에 그 결과에 대해서도 불만을 토로하는 이는 없었다. 결국 토론은 토벌로 결론이 났고, 얼마 후 행해진 토벌은 대성공을 거두었다. 자칫 분란을 일으킬 수도 있는 민감한 사안을 토론과 경청을 통해 말끔하게 처리한 것이었다.

세종의 사랑을 받았던 허조가 죽으면서 남겼다는 말을 인용해본다.

태평한 시대에 나서 태평한 세상에 죽으니, 천지간天地間에 굽어보고 쳐다보아도 호연浩然히 홀로 부끄러운 것이 없다. 이것은 내 손자의 미칠 바가 아니다. 내 나이 70이 지났고, 지위가 상상上相에 이르렀으며, 성상聖上의 은총을 만나, 간諫하면 행하시고 말하면 들어주시었으니, 죽어도 유한遺恨이 없다.

허조의 이 유언은 토론과 경청을 기반으로 한 세종의 통치술이 결국 태평한 세상을 만들어내는 데 가장 중요한 역할을 했음을 우리에게 시사한다.

최첨단 기업이라 할 수 있는 픽사가 채택하고 있는 방식도 뜻밖이지만 세종과 너무도 비슷하다. 픽사가 가장 강조하는 것은 개인이 아니라 집단의 창조력이다. 이를 극대화하기 위해 픽사는 여러 부서가 함께 참여하는 리뷰 회의를 주기적으로 개최한다. 이 리뷰 회의에는 애니메이션 제작과 직접적인 관련이 없는 사람들이 참가한다. 그들은 제작 단계에 있는 애니메이션을 보고 자신들의 의견을 자유롭게 개진한다. 제작자들은 자신들에게 가해지는 비판을 여과 없이 전달받고 이를 수정에 반영한다.

그렇다고 해서 제작자들이 무조건 비판을 받아들여야만 하는 것은 아니다. 최종적인 선택권은 제작자들에게 있다. 즉 자유로운 토론을 거치되, 결정권은 제작자들에게 줌으로써 그들의 자존심 또한 높여주는 것이다. 이렇게 해서 완성된 애니메이션은 아무래도 완성도가 높을 수밖에 없다.

픽사는 또한 출시 이전에 드러난 여러 문제들을 모아 다시 한 번 위원회를 개최한다. 이른바 '창의력 두뇌 위원회'라 불리는 이 위원회를 통해 격렬한 토론이 오가지만 이때의 해결책 또한 제작자가 반드시 받아들일 필요는 없다. 그러나 사심 없이 오가는 토론이니만큼 제작자는 출시를 앞두고 자신의 작품을 재점검할 수 있는 좋은 기회를 얻은 셈이고, 실제로 이를 반영하는 경우가 많다.

포시즌 호텔의 설립자이자 CEO인 이사도르 샤프 Isadore Sharp는 "조직의 성공은 끊임없는 커뮤니케이션을 통해 조직 내에서 신뢰를 쌓는 데 있다"고 이야기한 바 있다. 그는 조직 내 커뮤니케이션과 관련된 세부적인 실천 사항을 직접 만들어 전파하였다. 샤프 회장이 만든 커뮤니케이션 원칙 중 가장 중요한 것은 바로 '상대방 입장에서 생각해보기'이다. 이를 스스로 적극적으로 실행하기 위해 구성원들과 대화할 때는 많이 말하기보다는 경청하려고 노력했다고 한다.

조선 시대의 성군 세종과 현대의 신화적 기업 픽사, 그리고 포시즌 호텔의 성공 비결은 의외로 다르지 않다. 토론과 경청을 중시하는 습관이 바로 그것이다. 처음에 울퉁불퉁 완성되지 않은 아이디어일지라도 말과 말이, 생각과 생각이 부딪치면 매끄럽게 둥그러진다. 커뮤니케이션 속에서 답을 찾는 자가 승리한다.

몸을 철저하게 단련한다

흔히 생각하는 학자 이미지와 달리 정조는
무예에 관심이 많은 사람이었다. 자신의 몸은
스스로 지켜야 함을 알았기 때문이다.

- 활쏘기 실력이 탁월했던 정조

　　전경련 회장인 허창수 GS 그룹 회장은 늘 걷기로 몸을 단련한다. 틈이 날 때마다 역삼동 사옥 주위를 산책하며 경영 구상을 한다. 삼성동 인터콘티넨탈호텔에서 점심 약속이 있으면 역삼역에서 지하철 2호선을 타고 삼성역까지 갔다가 돌아올 때는 일부러 선릉역까지 걸어와 지하철을 타고 돌아온다. 또한 임직원들에게도 만보계나 워킹화를 선물로 주고 자주 걸으라고 권하기까지 한다. 허 회장은 또한 아침 5시에 일어나 자신이 정한 프로그램에 맞춰 스트레칭, 근력 운동, 유산소 운동 등을 적절히 안배해 체력 관리를 하는 등 건강관리를 철저히 한다. 몸을 단련하는 것이 습관으로 굳어졌기 때문이다.

　　현대의 CEO만 몸을 단련하는 습관을 지닌 것은 아니다. 조선 시대 최고의 성군 중 한 명인 정조 또한 그러했다. 그러나 정조의 신체 단련은 단순히 몸을 건강하게 하기 위한 것만은 아니었다.

　정조 1년(1777년) 7월 28일, 두 명의 자객이 정조의 침소로 접근했다. 다행이 정조는 잠들지 않고 깨어 있었다. 지붕 위에서 수상한 소리가 들리자 정조는 자신을 해치려는 세력임을 직감하고 소리를 질렀다. 군관과 내시들이 달려오는 소리에 자객들은 모습을 감추었다. 자칫 잠들어 있었더라면 그대로 죽을 수도 있는 위험한 상황이었다. 정조는 경호 대책을 점검한 후 거처마저 옮겼다. 5일 후 다시 한 번 자객이 정조의 침소를 급습하려 했다. 하지만 강화된 경호 덕에 자객들은 체포되고 만다. 임금이 되기는 했지만 정조의 정치적 기반이 여전히 허약한 상태였음을 보여주는 상징적 장면이다.

　임금이 되기 전 정조의 상황은 더욱 심각했다. 그야말로 언제 죽어도 이상하지 않을 나날의 연속이었다. 아버지인 사도세자를 죽음으로 내몬 노론은 그 아들인 정조에 대한 감시의 눈길을 늦추지 않았다. 정조는 나중에 그때를 회고하며 "낮에는 마음을 졸이고 밤에는 방 안을 맴돌며 잠을 이루지 못했다"고 고백한다. 살아 있는 것이 다행인 시절이었으니 그 긴장감은 말로 다 표현할 수 없을 정도였을 것이다. 정조는 자신을 지키는 것의 중요성을 몸으로 느꼈고, 그 과정에서 평생 스스로 자랑스러워했던 습관 하나를 만들 수 있었다. 그것은 바로 활쏘기였다.

　정조의 활쏘기 솜씨는 실로 대단했다. 재능도 있었던 데다가 틈나는 대로 연습했기에 가능한 솜씨였다. 《어사고풍첩御射古風帖》이라는 책에는 정조의 활쏘기 성적이 기록되어 있다. 보통 50발을 쏘았는데 정조는 거의 대부분 49발을 명중시켰다. 정조에게 50발 전부를 명중시킬 실력이 없었던 것은 아니다. 연습 때는 50발 모두 명중시켰다는 기록 또한 남아 있다. 이로 볼 때 마지막 한 발은 일부로 쏘지 않은 것이다. 임금으로서 일종의 겸양의 미덕을 보여준 것이리라.

통상적으로 과녁을 명중하는 것만으로 만족하지 못한 정조는 과녁을 축소해 쏘는 방법을 택하곤 했다. 1792년 10월 30일, 정조는 춘당대에서 활쏘기를 해 49발을 명중시킨다. 그런 뒤 훨씬 작은 과녁을 택해 다섯 발 모두를 만족시키는 신기의 솜씨를 보여주었다. 정조는 자신의 활쏘기 솜씨에 대한 자부심이 대단했던 듯싶다. 활쏘기를 마친 정조는 신하들에게 일장 연설을 한다.

활 쏘는 기예는 바로 우리 가법이어서 유의하지 않을 수 없는데, 10여 년 이래로 10순을 다 쏘는 일은 계속하지 않다가 근일에 와서 팔의 힘을 시험해보기 위해 몇 차례 10순을 다 쏘아보았는데, 10순에 40여 발이 명중되어 고풍을 내렸더니 경들이 전을 올려 축하하기에, 내가 장난삼아 말하기를 '49발까지 맞히면 그때 가서 고풍을 청하라' 했었는데 오늘 명중한 화살 수가 약속했던 그 수와 맞아떨어졌기에 문방文房 용구와 마첩馬帖 등을 제신들에게 나누어줌으로써 전에 했던 말을 실천하려는 것이었다.

한동안 쏘지 않았는데도 자신의 실력이 여전하다는, 은근한 자랑이 담긴 발언이 아닐 수 없다.

그런데 정조는 자신만 활쏘기에 열중한 것이 아니었다. 심지어는 문신들에게도 활쏘기를 시킨다. 글에만 익숙하던 문신들이 활쏘기에 능수능란한 솜씨를 보였을 리가 없다. 화살이 과녁을 빗나가기 일쑤였고 자세 또한 서툴러 손가락을 다치는 이들이 속출했다. 그럼에도 정조는 문신들에게도 활쏘기가 꼭 필요하다는 생각을 바꾸지 않았다. 문무를 겸비해야만 나라를 위한 훌륭한 재목이 될 수 있다는 그의 소신 때문이었다.

정조의 활쏘기 중시는 새로운 무사 집단의 창설로 이어진다. 그 집단이 바로 '장용영'이었다. 당시 군권을 장악하고 있던 노론에 맞서기 위해 새로 창설한 장용영에 대한 정조의 애정은 대단했다. 정조는 병사들을 직접 훈련시키는 일에도 열성을 보였다. 무력의 중요성을 누구보다도 잘 알고 있기에 가능한 일이었다.

정조는 군사 개개인이 각종 무예를 익혀 일당백의 실력을 갖추기를 원했다. 이러한 필요에 부응하기 위해 편찬한 책이 바로《무예도보통지武藝圖譜通志》였다. 그 시대 통용되던 각종 무술을 모두 모아 그림과 함께 보여주는 책이다. 한마디로 병사들을 위한 훈련용 도서였던 것이다. 자신이 강조했던 활쏘기 또한 이 과정에서 빠지지 않았다. 기록에 의하면 병사들은 하루 3,000발 이상의 화살을 쏠 정도로 활쏘기에 매진했다고 한다. 이러한 정조의 조련 덕분에 30명으로 출발했던 장용영은 1만 8,000명에 이르는 정예병 집단으로 발전할 수 있었다.

　정조 시절 유난히 무과 급제자가 많았던 것도 무력을 중시한 정조의 성향과 무관하지 않다. 정조 시대에는 총 37회의 무과 시험이 치러졌다. 정조 8년(1784년) 시행된 무과 시험에는 정원 외 합격자만 무려 2,926명에 이르렀다. 백동수와 같은 일종의 재야 무인을 발굴해 중용한 것도 바로 정조였다.

　정조 하면 흔히 떠올리는 것은 학자 군주의 이미지다. 물론 정조는 신하들을 압도할 정도의 실력을 지닌 뛰어난 학자였다. 하지만 조선 시대 사람들이 보았던 이미지는 그와 달랐다. 조선 시대 황실 족보인 《선원보략璿源譜略》에 남아 있는 정조의 얼굴은 학자라기보다는 장비 같이 우락부락한 무사에 가깝다. 《순조실록》에는 순조의 네모난 입과 겹으로 된 턱이 아버지인 정조와 똑같다고 이야기하는 대목이 나온다. 이 또한 학자보다는 무인에 가까운 모습이다.

　정조는 자신이 문무에 모두 능한 만능군주로 보이기를 원했다. 그렇기에 학문은 물론, 활쏘기에서도 최고가 되려고 노력했다. 물론 그 이면에는 살아남는 것을 최우선 과제로 여겼던 시절의 쓰라린 경험이 녹아 있다.

　정조는 가장 두려웠던 시기에 활쏘기를 통해 자신의 몸과 정신을 단련해나갔다. 어찌 보면 가장 임금답지 않은 습관을 기른 덕분에 자신을 둘러싼 감시와 견제의 눈초리 속에서도 자신감을 가지고 국정에 임할 수 있었는지도 모른다. 사후 200여 년이 지난 지금 정조가 조선왕조 최고의 군주로 재평가되고 있는 것도 그러한 습관과 무관하지 않다.

몸을 단련하는 습관과 관련해 의외의 인물이 한 명 등장한다. 그는 바로 금나라 태조 아골타다. 1910년 조선이 망한 후 중국으로 망명한 사학자 박은식은 《몽배금태조夢拜金太祖》라는 독특한 형식의 소설을 발표한다. 제목 그대로 꿈속에서 금나라 태조 아골타를 만나 조선이 망한 이유와 재건 방법에 대해 논하는 소설이다. 그런데 왜 금나라 태조 아골타를 끌어온 것일까? 그것은 바로 아골타가 고려인 김준의 9세손이기 때문이다. 하지만 여기서 따져볼 것은 그러한 역사적 연원이 아니다. 아골타는 꿈속에서 박은식에게 이렇게 충고한다. 조선을 부흥시키기 위해서는 무엇보다 신체를 단련하는 일을 중요하게 여겨야 한다고 말이다.

해상학교 교사로 콜럼버스를 초빙해 항해술을 가르치면 그 안목이 넓게 열리고 좁고 편협한 마음을 씻어버릴 수 있을 것이고, 대륙학교 교사로는 몽골의 대신 야율초재를 초빙해 아시아와 유럽 대륙을 말을 타고 달리던 정신으로 가르치면 그 신체가 단련돼 연약한 성질을 개량할 수 있을 것이다.

조선은 무력을 중시한 정조를 잊었고, 그 결과 일본에 의해 멸망하고 말았다. 신체 단련을 게을리 하면 누구라도 조선과 같은 상황을 맞을 수 있다. 평소 운동을 중요시하는, 어찌 보면 간단한 습관이 한 개인을 성공시킬 뿐만 아니라, 한 나라를 살릴 수 있다.

언제나 쓴다

"책을 읽기만 한다면
비록 날마다 천 편을 읽었다 하더라도
읽지 않은 것과 같으니, 책을 읽을 때에는
한 글자라도 그 의미를 깊이 연구하여
근본 뿌리를 알아야 한다."

– 정약용

　명 스트라이커 출신인 포항 스틸러스의 황선홍 감독이 경기가 있는 날이면 빼놓지 않고 하는 일이 하나 있다. 그는 먼저 라커룸으로 가 칠판 가득 메모를 적어 놓는다. 제일 위에는 '우리는 포항이다'라는 문구를 적는다. 그러고는 그 밑에 그날의 진영과 선수 배치도를 그려놓는다. 그 옆에는 그날 경기에서 주의해야 할 점들을 적어나간다. 라커룸 벽면 또한 황선홍 감독의 메모 공간으로 활용된다. 그는 거기에다가 그날의 출전 선수 명단과 자신이 적은 공격 방법, 수비의 움직임을 여러 장 인쇄해 붙여놓는다. 그것으로 끝난 것이 아니다. 준비가 모두 끝나면 황선홍 감독은 선수들을 불러 자신이 적어놓은 것을 설명한다. 설명은 모두가 이해했다고 느낄 때까지 계속된다.

　경기가 시작되면 황선홍 감독의 손은 더욱 바빠진다. 경기를 지켜보면서 느끼는 것을 쉬지 않고 메모하는 것이다. 그렇게 적은 메모는 전

반 경기가 끝난 후 선수들에게 전달된다. 황선홍 감독은 자신이 적은 메모를 참조해가며 후반의 전술을 선수들에게 설명한다. 선수들에게 전하는 지시는 무척이나 구체적이다. 수비수에게 고립되어 고전을 면치 못한 공격수의 위치를 바꾸어주는가 하면, 상대방 공격수의 구체적인 공격 움직임을 언급하며 그에 맞는 수비 전술을 주문하기도 한다.

메모한 내용을 전달하는 것에도 요령은 있다. 황선홍 감독은 자신이 요구하는 것을 선수들이 모두 소화하기는 힘들다는 사실을 잘 알고 있다. 그렇기 때문에 선수들에게 메모를 전달하기에 앞서 자신이 쓴 것을 읽어보며 중요하다고 생각되는 것에는 빨간색으로 체크한다. 그러고는 선수들에게 빨간색으로 체크된 내용을 먼저 전달하는 것이다.

그렇다면 황선홍 감독이 경기 중에도 쉬지 않고 메모를 하는 이유는 무엇일까? 그는 이렇게 설명한다.

"생각만 하고 있으면 잊어버려 정작 중요한 것을 전달하지 못하는 경우가 있습니다. 그렇게 되면 선수들에게 지시하는 내용도 구체적이지 않고 피상적인 것이 되기 마련입니다."

황선홍 감독이 가장 기쁜 순간은 자신이 지시한 내용대로 경기가 풀렸을 때다. 그럴 때마다 그는 메모의 힘을 다시 한 번 절감한다고 한다. 이렇듯 경기에 관한 모든 것을 메모하는 습관은 부산 아이파크 감독으로 부임했을 때부터 시작되었다. 기록한 메모지는 버리지 않고 모아두는 것도 그의 또 다른 습관이다. 그는 수시로 과거에 쓴 메모를 다시 읽으며 새로운 전략을 수립하는 데 몰두한다고 한다.

그의 이러한 습관은 사실 조세 무링요 Jose Mourinho 레알 마드리드 감독에게서 배운 것이다. '스페셜 원'이라 불리는 조세 무링요 감독은 메모광으로도 유명하다. 그는 경기 중 일어나는 모든 상황을 메모한다. 그리고 그 상황에 대처하기 위한 전략 전술을 경기 중에 세워 다시 메모를 하고, 그 메모지를 코치를 통해 선수들에게 전달하는 방법을 쓴다. 최근 공개된 메모지를 보면 그가 경기 상황만 메모하는 것은 아님을 알 수 있다. 그는 순간순간 자신이 느꼈던 감정은 물론, 자신이 씹고 있는 껌이 좋은지 나쁜지까지 기록해놓았다. 메모광이라는 호칭이 괜히 나온 것이 아님을 알 수 있다. 선수로서 별다른 명성을 떨치지 못했던 포르투갈 출신의 감독이 왜 지금 세계 최고의 감독으로 군림하고 있는지를 알 수 있는 대목이기도 하다.

쉬지 않고 쓰는 습관과 관련해 빼놓을 수 없는 곳이 바로 우리나라의 대표적인 기업 삼성이다.

이건희 삼성전자 회장은 때와 장소를 가리지 않고 메모를 하는 것으로 유명하다. 그는 임원으로 승진한 이들에게 메모를 많이 하라는 뜻으로 만년필을 선물하기도 했다. 그의 이런 습관은 사실 창업주인 이병철 회장에게서 배운 것이다. 아버지가 남긴 수많은 메모들이 지금의 삼성을 만들었음을 누구보다 잘 아는 그이기에 그 습관을 그대로 물러받았다. 아버지의 습관을 배운 이는 이건희 회장만이 아니다. 신세계의 이명희 회장 또한 메모광이다. 그녀는 신세계 사보를 통해 아버지는 메모광이었으며, 그러다 보니 자신 또한 자연스럽게 메모광이 되었다고 속내를 드러내기도 했다.

이병철 회장의 메모 습관은 3세에게도 이어진다. 가장 대표적인 인물이 바로 이재용 삼성전자 사장이다. 이재용 사장의 집에는 그가 어릴 적부터 써온 일기장이 구석구석에 쌓여 있다고 한다. 많이 쓰는 사람의 공통점은 자신이 쓴 내용을 잘 버리지 않는다는 것인데, 이 점에 있어서는 이재용 사장도 예외가 아니다. 다만 최근 들어 그 습관의 방식이 조금 달라졌다. 바로 스마트폰 때문이다. 스마트폰의 등장 이후 그가 쓰는 도구는 종이가 아니라 스마트폰이 되었다. 그러나 끊임없이 쓴다는 면에서 본다면 그의 습관은 바뀐 것이 없다. 삼성가의 전통이 그에게까지 그대로 이어지고 있는 것이다.

언제나 쓰는 습관의 대가는 사실 다산 정약용이다. 《다산선생 지식경영법》을 쓴 한양대 국문학과 정민 교수는 정약용의 방법을 '수사차록법隨思箚錄法'이라는 용어로 정리했다. 수사차록이란 그때그때 좋은 생각이 날 때마다 곧바로 기록한다는 뜻이다. 정민 교수는 이러한 습관이 있었기에 다산이 유배지라는 열악한 환경 속에서도 우리 지성사에 길이 남을 수많은 저술들을 남길 수 있었다고 설명한다. 정민 교수는 이것을 '질서疾書'라고도 표현할 수 있는데 이는 깨달음이 오는 순간 놓치지 않고 메모하는 것으로, 생각이 달아나기 전에 빨리 적어둔다는 뜻을 담고 있다고 덧붙였다. 정약용은 한마디로 말해 많이 쓰는 것의 힘을 조금의 의심도 없이 믿었던 사람이다.

> 책을 읽기만 한다면 비록 날마다 천 편을 읽었다 하더라도 읽지 않은 것과 같으니, 책을 읽을 때에는 한 글자라도 그 의미를 깊이 연구하여 근본 뿌리를 알아야 한다.

정약용이 남긴 이 말은 그에게 있어 쓰는 것이 책을 완전히 자신의 것으로 만드는 유일한 수단이었음을 알려준다.

발명왕 에디슨 또한 메모광으로 잘 알려져 있다. 그는 노란 표지의 노트를 가지고 다니며 자신이 보고 들은 것, 순간적으로 머리를 스쳐 지나간 아이디어 등 모든 것을 적었다. 그의 사후에 살펴보니 그가 남긴 노트가 무려 3,400권이나 되었다고 한다. 에디슨이 발명왕이 된 것은 결코 우연한 결과가 아니었다.

미국의 4대 대통령인 제임스 매디슨 James Madison 또한 늘 쓰는 습관으로 유명한 사람이었다. 그는 쉬지 않고 썼던 그 메모들을 바탕으로 미 헌법의 기초를 이루는 데 큰 역할을 했다. 연방주의를 주장했던 논문의 3분의 1 가량이 그가 쓴 것이었다고 한다. 워싱턴이나 제퍼슨을 제치고 그가 '헌법의 아버지'라 불릴 수 있었던 이유다.

시골 의사로 유명한 박경철은 자신이 베스트셀러 저자가 되기 위해 했던 노력을 설명한 적이 있다. 그는 제대로 된 글쓰기를 위해 정확한 표현으로 이름난 소설가 오정희의 글을 수십 번도 더 베껴 썼다고 한다.

많이 쓰는 것으로 성공을 거둔 이는 모두 나열하기 어려울 정도로 많다. 이 모든 사례들이 말하는 것은 오직 한 가지다. 많이 쓰는 습관, 그 우직한 습관이 한 사람의 인생을 바꿀 수 있다.

진정으로 공감한다

오프라 윈프리 쇼의 운명을 결정한 순간이 있다.
바로 게스트의 고백을 듣자마자 갑자기
울음을 터트리며 자신의 숨겨진 비밀을
털어놓은 이후부터이다.

- 사람들과 깊이 공감할 줄 알았던 오프라 윈프리

　　토크쇼의 여왕이라 불리는 이가 있다. 바로 오프라 윈프리이다. 그녀는 자신의 이름을 딴 〈오프라 윈프리 쇼〉를 통해 세계인의 머릿속에 그 이름을 각인시켰다. 그녀의 성공이 지금은 너무도 당연한 것으로 여겨지지만, 생각해보면 오프라 윈프리는 객관적으로 보아 성공할 만한 요소를 거의 갖고 있지 못한 사람이다. 그녀는 끔찍한 가난 속에서 어린 시절을 보냈고, 친척들에게 성폭행을 당했으며, 아버지와는 원만한 관계를 맺지 못했다. 용모도 그리 뛰어난 편은 못 되었으며, 한때 100킬로그램에 육박하는 체중으로 고통을 겪기도 했다. 그런 그녀가 토크쇼의 여왕으로 등극한 까닭은 무엇일까? 여러 요인이 있겠지만 단 하나만 들라고 하면 바로 그녀가 타인의 아픔에 진정으로 공감하는 습관을 평생 잊지 않고 살았기 때문이라는 것을 들 수 있다.

　　프로그램이 시작된 후 얼마 지나지 않아 근친상간으로 학대받은 여성이 등장해 성폭행의 경험을 털어놓았다. 그런데 놀라운 장면이 이어졌다. 진행자인 오프라 윈프리가 갑자기 눈물을 터뜨리더니 뜻밖의 고백을 하는 것이다. 그녀의 고백은 충격적이었다. 자신이 사생아로 태어났으며 아홉 살 때 사촌에게 성폭행을 당했으며, 삼촌에게도 성폭행을 당했다는 내용이었다. 사람들은 숨기고 싶었을 기억을 거짓 없이 털어놓은 오프라 윈프리에게 박수를 보냈다. 그 일을 통해 그녀는 단순한 진행자가 아니라, 여성들의 삶을 진정으로 공감하고 치유하는 멘토의 자리에 서게 되었다. 미국 최고의 흑인 여가수 중 한 명인 휘트니 휴스턴이 출연해 자신의 어려웠던 결혼 생활과 마약 중독 등의 일까지 털어놓은 것 또한 자신의 처지를 진심으로 이해하리라 믿었던 오프라 윈프리가 있었기에 가능한 일이었다.

오프라 윈프리는 이러한 공감 능력을 바탕으로 미국의 문화계 판도를 완전히 바꾸어놓았다. 1995년 오프라 윈프리는 '오프라의 북 클럽'이라는 코너를 신설한다. 한 달에 한 권씩 책을 선택한 후, 그 저자를 초대해 이야기를 나누는 코너이다. 그런데 오프라 윈프리가 이 코너를 만든 이유가 감동적이다. 불행했던 시절 자신을 위로했던 것은 오직 책뿐이었기 때문이다. 단순히 지식을 자랑하기 위해 책을 소개하는 것이 아니라, 삶을 위로하는 수단으로 책을 전하는 것에 대해 대중들의 반응은 상상 이상이었다. 그들은 오프라 윈프리가 권하는 책을 자신에게 권하는 선물로 받아들였다. 그 책들은 물론 소개되자마자 베스트셀러가 되는 영광을 누렸다.

오프라 윈프리는 이러한 공감 능력을 바탕으로 새로운 기부 문화를 조성하는 데도 성공했다. 2008년 3월에 시작한 '오프라의 빅 기브'라는 새로운 코너를 통해서였다. 이 코너의 모토는 이렇다.

"남을 가장 독창적으로 도와주는 사람에게는 100만 달러를 줍니다."

이 또한 큰 인기를 끌었음은 두 말 할 필요가 없다. 100만 달러라는 금액도 금액이지만, 오프라 윈프리가 진심으로 세상이 바뀌기를 원한다는 사실에 공감하지 않고서는 있기 힘든 일이었다.

사실 오프라 윈프리는 '엔젤 네트워크'라는 이름의 사회복지재단을 통해 2006년 한 해만 해도 5,000만 달러 이상을 기부한 전력이 있다. 세상의 아픔에 대한 공감, 그리고 세상을 바꾸기 위해 자신의 모든 것을 바치는 헌신이 있었기에 사람들은 그녀가 하는 일이라면 무엇이든 적극적으로 호응하게 되었던 것이다.

오프라 윈프리의 성공을 보고 놀란 미국의 언론들은 그녀가 성공할 수 있었던 요인을 재미있는 용어로 정리하기까지 했다. 〈월스트리트 저널〉은 '오프라피케이션 Oprahfication(오프라되기)'이라는 용어를 만들었다. 성폭행을 당한 경험은 물론 고도비만의 경험까지 대중에게 공개한 것에 대한 사람들의 호응을 그렇게 부른 것이다. 〈타임〉의 용어는 더욱 시사적이다. '래포 토크 rapport talk(공감대화)'가 바로 그것으로 〈타임〉은 그녀의 성공 요인을 바로 '공감 능력'으로 꼽았다.

20년 넘게 진행되었던 〈오프라 윈프리 쇼〉의 마지막을 장식한 초대 손님은 바로 오프라 윈프리 자신이었다. 타인에 대한 탁월한 공감력을 바탕으로, 한 시대의 인물로 성장해간 그녀에게 최고로 어울리는 선물이었으리라.

오프라 윈프리의 진정으로 공감하는 습관을 아예 기업의 모토로 삼은 곳이 있다. 사우스웨스트 항공이 바로 그곳으로, 그들은 회사에서 가장 자주 사용하는 말이 '사랑'이라고 말하기까지 한다. 재미있는 것은 회사의 본사가 위치한 곳이 댈러스의 러브필드란 사실이다. 회사의 심벌도 당연히 'LUV'이다.

사우스웨스트 항공이 유명해진 것은 9.11 테러 직후 항공업계가 경영난을 겪던 때였다. 다른 기업들은 모두 직원을 해고하는 등의 강경한 조치를 취했으나, 사우스웨스트 항공은 단 한 명의 직원도 해고하지 않았다. 놀라운 것은 직원들이 자신의 봉급을 깎아달라고 회사에 애원까지 하고 나섰다는 점이다. 이러한 일이 가능했던 것은 사우스웨스트 항공이 기업의 모토인 사랑을 진정으로 실천하는 기업이었기 때문이다. 대부분의 기업은 고객을 최우선으로 하는 정책을 펼쳤지만 사우스웨스트 항공은 직원을 최우선의 자리에 놓았다. 고객은 두 번째이며, 주주는 심지어 세 번째밖에 되지 않는다. 이렇듯 사랑과 공감을 강조하는 사우스웨스트 항공의 직원은 어떤 자세로 일할까?

비행기에 올라탄 어느 고객이 직원에게 자기 가방이 없어졌으니 도와달라고 요청했다. 직원은 고객과 함께 비행기 밖으로 나가 검색대에서 잃어버린 가방을 찾는 데 성공한다. 하지만 가방 안에 있던 돈은 이미 없어진 뒤였다. 고객과 이야기를 나누다 사우스웨스트 항공 직원은 그 고객이 방금 해고를 당했다는 사실을 알게 되었다. 그 뒤 비행기에 탄 그 고객은 깜짝 놀라고 만다. 기내 방송에서 자신이 처한 상황이 흘러나왔기 때문이다. 방송에서는 고객 중 한 명이 돈을 잃어버려 고통을 겪고 있으며, 해고까지 당해 그 충격이 더욱 크다는 내용까지 소개되었다. 승객들은 주머니에서 가진 돈을 조금씩 꺼냈다. 그렇게 해서 모인 돈은 원래 잃어버린 돈보다 더 많았다. 그보다 더 반가운 것은 승객들 중 기업을 운영하는 이가 취업 제의까지 해왔다는 점이다.

소설 같은 이야기지만 이는 사우스웨스트 항공의 기내에서 실제로 일어난 일이었다. 이 일은 세계적인 베스트셀러 작가 켄 블랜차드의 관심을 끌었다. 그는 소문이 사실인지를 확인하기 위해 직접 사우스웨스트 항공을 이용해보았다. 결과는 만족스러웠다. 직원들은 하나같이 친절했다. 그것도 가식적인 친절이 아니라 오래된 친구들이 보여주는 진정한 친절이었다. 비행기에서 내린 켄 블랜차드는 사우스웨스트 항공의 콜린 바렛Collen Barrett 회장에게 전화를 걸었고, 그것이 계기가 되어 사우스웨스트 항공의 성공 비밀을 담은 책까지 쓰게 되었다. 《사우스웨스트 항공처럼 이끌어라Lead wth LUV》라는 책이 바로 그것이다.

사우스웨스트 항공의 공감과 사랑 능력이 거짓은 아님은 콜린 바렛 회장의 경력을 통해서도 알 수 있다. 창업자였던 허버트 켈러허 Herbert Kelleher 전임 회장은 자신의 비서로 일했던 콜린 바렛의 능력을 눈여겨보았고, 아예 회사를 맡겨버리기까지 했던 것이다. 사우스웨스트 항공은 4년 연속 고객만족도 1위를 기록했고, 미국에서 가장 일하고 싶은 직장으로 손꼽히기까지 했다. 그 바탕에는 물론 사우스웨스트 항공 특유의 진정으로 공감하는 습관이 있다.

진정으로 공감하는 습관을 갖기란 물론 말처럼 쉬운 것은 아니다. 그러기에는 세상이 너무도 바쁘게 돌아간다. 그러나 그럴수록 타인의 아픔과 기쁨에 진정으로 공감하는 습관은 더욱 귀하게 느껴진다. 시간과 마음을 투자하는 대로 결실을 볼 수 있는 몇 안 되는 습관인 것이다. 오프라 윈프리와 사우스웨스트 항공, 자칫하면 비주류에 머물렀을 그들은 타인에 대한 뛰어난 공감력을 습관처럼 익힌 덕분에 성공의 꿈을 이룰 수 있었다.

어제의 습관이 없었다면, 오늘의 그들은 없었다.
당신은 누구처럼 하루를 시작하고 싶은가?

국립중앙도서관 출판시도서목록(CIP)

단 하나의 습관 / 연준혁 지음. — 고양 : 위즈덤하우스, 2012
p. ; cm

ISBN 978-89-6086-506-8 03320 : ₩13800

성공법[成功法]
습관[習慣]

325.211-KDC5
650.1-DDC21   CIP2011005559

단 하나의 습관

초판 1쇄 발행 2012년 1월 9일   초판 4쇄 발행 2012년 2월 16일

지은이 연준혁
펴낸이 연준혁

출판 6분사 편집장 이진영
편집 정낙정 박지숙 박지수 최아영   제작 이재승

펴낸곳 (주)위즈덤하우스   출판등록 2000년 5월 23일 제13-1071호
주소 (410-380) 경기도 고양시 일산동구 장항동 846번지 센트럴프라자 6층
전화 (031)936-4000   팩스 (031)903-3895
홈페이지 www.wisdomhouse.co.kr   전자우편 wisdom6@wisdomhouse.co.kr
출력 엔터   종이 월드페이퍼   인쇄 (주)현문   제본 신안제책사   후가공 이지앤비

값 13,800원   ISBN 978-89-6086-506-8 03320

- 잘못된 책은 바꿔드립니다.
- 이 책의 전부 또는 일부 내용을 재사용하려면 사전에 저작권자와
  (주)위즈덤하우스의 동의를 받아야 합니다.